# Papo reto
## com
## Liliane Ribeiro

# Papo reto com Liliane Ribeiro

novo século®

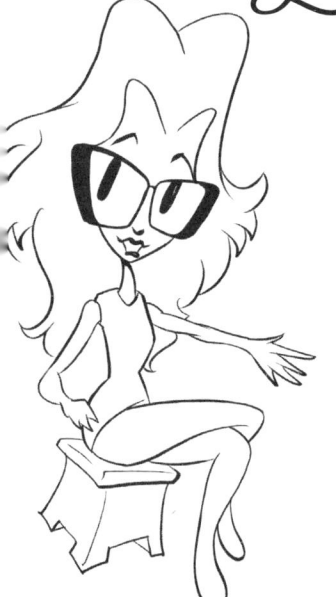

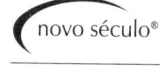

São Paulo, 2016

Papo Reto com Liliane Ribeiro
Copyright © 2016 by Liliane Ribeiro da Silva
Copyright © 2016 by Novo Século Editora Ltda.

**COORDENAÇÃO EDITORIAL**
Vitor Donofrio

**EDITORIAL**
Giovanna Petrólio
João Paulo Putini
Nair Ferraz
Rebeca Lacerda

**GERENTE DE AQUISIÇÕES**
Renata de Mello do Vale

**ASSISTENTE DE AQUISIÇÕES**
Acácio Alves

**EDIÇÃO DE TEXTO**
Marleine Cohen

**PREPARAÇÃO**
Fernanda Guerriero

**REVISÃO**
Tássia Carvalho

**PROJETO GRÁFICO E DIAGRAMAÇÃO**
Larissa Caldin

**ILUSTRAÇÕES DE CAPA E MIOLO**
Alexandre Santos

**ARTE-FINAL DE CAPA**
Rebeca Lacerda

Texto de acordo com as normas do Novo Acordo Ortográfico da Língua Portuguesa (1990), em vigor desde 1º de janeiro de 2009.

**Dados Internacionais de Catalogação na Publicação (CIP)**
**(Câmara Brasileira do Livro, SP, Brasil)**

Ribeiro, Liliane
Papo reto com Liliane Ribeiro / Liliane Ribeiro. - -
Barueri, SP : Novo Século Editora, 2016.

1. Relação homem-mulher - aconselhamento
2. Mulheres - Autoestima 3. Amor 4. Sexo 6. Separação
7. Blogs(Internet) I. Título.

16-0742                                      CDD-306.7

**Índice para catálogo sistemático:**
1. Relação homem-mulher : Aconselhamento    306.7

NOVO SÉCULO EDITORA LTDA.
Alameda Araguaia, 2190 – Bloco A – 11º andar – Conjunto 1111
CEP 06455-000 – Alphaville Industrial, Barueri – SP – Brasil
Tel.: (11) 3699-7107 | Fax: (11) 3699-7323
www.novoseculo.com.br | atendimento@novoseculo.com.br

# Nota da autora

As mulheres mudaram. Hoje, elas estão inseridas nos mais diversos ramos do mercado de trabalho, decidem quando (e se) vão se casar, qual é o melhor momento para ter um filho... Enfim, são independentes e não levam desaforo para casa. Os homens, por sua vez, estão ainda mais exigentes em suas escolhas e tentam entender um pouco melhor o universo feminino.

Nos dias de hoje, presenciamos muitos divórcios e separações. A meu ver, isso se deve a uma inversão de valores, à correria diária e à falta de comprometimento. A internet também tem sua parcela de culpa: as pessoas não se socializam mais, vivendo em um mundo virtual nem sempre condizente com a realidade.

Pensando nesse público tão dinâmico e exigente, reuni informações que podem auxiliar nesta caminhada de conhecimento e autoestima que são as páginas que seguem.

Meu objetivo com o *Papo Reto* é mostrar como ganhar confiança e acreditar que é possível manter um relacionamento vivo e saudável.

Divido com você o resultado de inúmeras pesquisas e cursos sobre o tema, muita experiência e compaixão genuína pelo ser humano. Com absolutamente zero de julgamento, meu compromisso é contribuir para a realização de seus sonhos, a conquista, a manutenção ou até mesmo a reconquista do seu amor.

Está esperando o que para começar a leitura?

# Dedicatória

Você pega um livro, abre na página da dedicatória e descobre, mais uma vez, que o autor o atribuiu a alguém que não é você.

Não desta vez.

*Papo Reto com Liliane Ribeiro* é a materialização de um sonho, permitido por Deus e possível graças ao incentivo incondicional dos meus filhos Pedro e Gabriel e do homem que amo, Marcelo Augusto, fiel companheiro e cúmplice.

Dedico-o ao meu pai, Pedro Galdino, em memória, e à Judith Ribeiro, minha mãe e que muito torceu por mim. Em algum lugar da sua memória, ela leva consigo os momentos felizes que passamos juntas.

À família Ribeiro Malafaia, da qual me orgulho de fazer parte e de quem sempre recebi apoio incondicional. Às acompanhantes, verdadeiros braços fortes no cuidado com a minha mãe para que eu pudesse escrever e estudar. Aos amigos que antes mesmo do primeiro texto já haviam dado vida a este livro, acreditaram no meu trabalho e disseminaram uma energia positiva para a sua realização.

Mais que tudo, dedico-o a todos aqueles que buscam um relacionamento verdadeiro, acreditam nas possibilidades dentro das impossibilidades do amor e lutam pelo encontro. E também àqueles que já o encontraram e se empenham em manter a chama acesa.

Aos quase 187 mil seguidores virtuais que me acompanham regularmente pelo Brasil afora, meu muito obrigada!

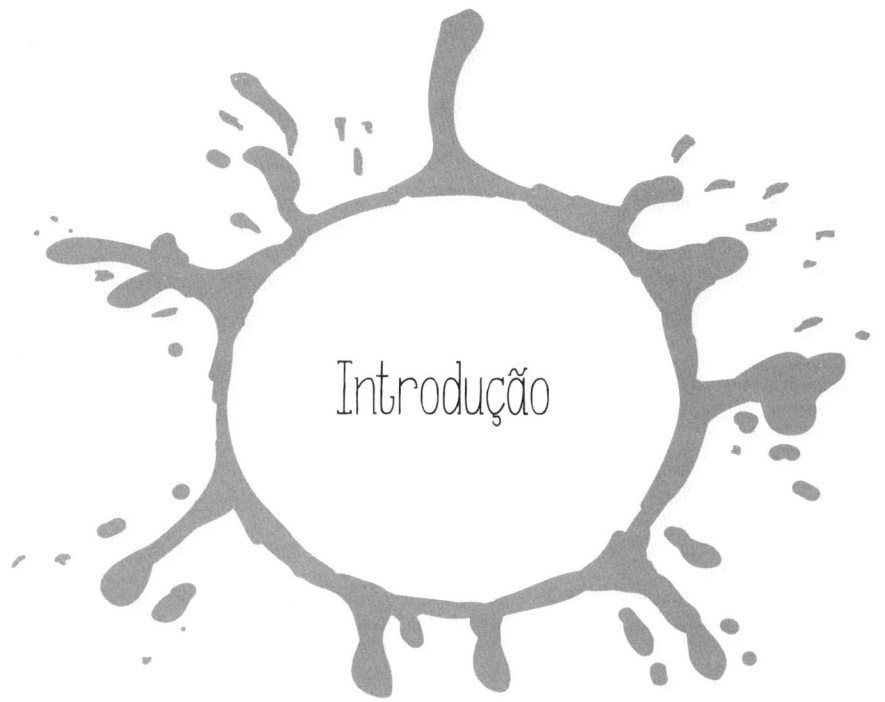

# Introdução

Dia de TPM: dinâmico, cheio de emoções. Paro para pensar o que fazer com tanto aprendizado.

Passam-se dias, meses e alguns anos.

No advento marcante de outra TPM, e a pedidos, resolvo compartilhar minha experiência acumulada com relacionamentos passados – alguns sofridos, enquanto outros aventureiros e desafiadores, mas muito gratificantes. Não fossem esses bastardos, minha vida não teria sido a mesma. Acreditem: agradeço a todos que participaram da minha história!

Meus dramas amorosos começaram quando eu tinha 13 anos. Renato era o nome dele. Meu vizinho de prédio da Tijuca, na pacata zona norte do Rio de Janeiro, era um rapazinho muito bonito, de família "classe média altíssima" (como todo tijucano) e que não sabia beijar. Alto, magro – praticamente raquítico –, muito inteligente (assim diziam seus pais), era filho único e estudava no melhor colégio do bairro.

Renato não acrescentou nada à minha vida. Eu queria mais, queria descobrir o que os casais faziam. Renato, porém, também não sabia. De lá para cá, tive poucos namorados (na casa dos 45) e alguns maridos (tudo no papel), com os quais aprendi várias lições.

Meus namoros eram bastante longos: coisa de quinze dias a um mês. Com sorte um durou seis meses, então eu me casei. Meu primeiro casamento, perfeito laboratório, foi de quase vinte anos. Dele ficaram o alfarrábio da sabedoria e dois filhos lindos. Trinta anos atrás, não havia "ficante"; a gente namorava mesmo. E foi namorando e casando – do Oiapoque ao Chuí, com alguns anos no exterior – que desenvolvi a minha *expertise* em relacionamentos. Pensando neles, escrevo com o objetivo de ajudar outras pessoas a entenderem melhor a arte de amar e ser amado.

# Sumário

## RELACIONAMENTO A DOIS  14

Relacionamento saudável: Isso Existe?  17

Relacionamento On-line  21

Pressa, inimiga dos relacionamentos  25

Brigas & Arranca-rabos  29

Quando ele some  33

A vulnerabilidade masculina  39

Quando você é a outra namorando homem comprometido  43

Se ele trai você, a culpa é sua?  49
Pare de dar mais do que recebe  53
Como evitar brigas?  57
A competição nos relacionamentos  61
Transforme seu relacionamento em algo verdadeiro  65

# NEM TUDO É SEXO, MAS SEXO É TUDO  70

Nem tudo é sexo, mas sexo é tudo  73
Transo ou não transo de primeira?  83
E aí, vamos transar?  87
Como identificar um mulherengo?  91
Sexo: quantas vezes por semana é normal ou ideal?  95
Ele prefere se masturbar  101
Desejos do sexo masculino  105
Traição emocional: Culpada ou inocente?  111
Sexo amigo  115
Guia do orgasmo feminino  121
Amor 4G  125
Longevidade no amor e no sexo  129

# DIVÃ   132

O amor. Ah, o amor!   135
Ilusões nossas de cada dia   139
Em busca do homem certo   145
Alma gêmea   151
Tem certeza de que esse homem é para você?   157
Dividida entre dois amores   163
A geração plâncton   165
Quando a idade importa   169
Insegurança   173
Mulher madura   177
Colhendo pétalas de maturidade   181
Sorria. Você pode ser feliz!   185

# Nota de agradecimento   191

# Relacionamento saudável: Isso Existe?

## Pingo no i

Relacionamentos saudáveis são definidos por limites. Quando alguém não leva em conta nossos sentimentos, atitudes, decisões, escolhas e valores, há uma violação de espaço pessoal.

Disso resultam duas premissas:

**1** Nossos limites são os muros que nos protegem, baseados em comportamento aprendido, isto é, experiências traumáticas, valores, posturas e regras que vamos colhendo ao longo da vida.

**2** O ato de estabelecer limites saudáveis traz inúmeros benefícios para todas as partes envolvidas.

A lista desses benefícios é longa, mas podemos tentar esboçá-la. Para começar, temos em mente que os limites saudáveis nos definem como pessoas. Sem nenhum senso de separação do outro, perdemos o sentido do *self*, nos dispersamos da realidade e nos fundimos no outro. Em suma, perdemos nossa identidade.

Além disso, os limites definem nossas relações. A porta pela qual permitimos a entrada de algumas pessoas e não a de outras não nos auxilia a separar o grupo com quem queremos nos relacionar.

Um limite saudável nos ajuda ainda a perceber como estamos conectados à outra pessoa. Para que mantenhamos por perto os bons elementos, temos de deixar de fora aqueles que nos corroem. Fácil? Eu diria que não. Quando brigamos, para ferir o outro, falamos coisas que nem sempre condizem com a verdade. Contudo, relacionamentos são como a construção de uma fortaleza: é preciso levantá-la com base sólida para que esta não seja abalada, e essa base é o amor. Todavia, existe ainda toda a estrutura a ser levantada; para isso, dispomos de tijolos (comunicação), argamassa (dedicação) e fios elétricos (compreensão). Os limites são como uma massa corrida que reveste as paredes, evitando lacunas (mágoa), trincas (ressentimento) e fissuras (rancor), e que, quando respeitados, não abrem lacunas porque cada um sabe até onde pode ir no trato com o outro. Uma palavra pode ferir a ponto de causar uma separação. Daí a necessidade de respeitar os limites. Afinal, não colocamos uma fortaleza abaixo apenas porque nela existe uma fenda! Da mesma maneira, não devemos passar por cima da estipulação de limites para que nosso relacionamento não venha abaixo.

Limites saudáveis também são úteis quando as coisas saem do controle. Se alguém ignora o "basta!", está assinalando que é hora de agir antes que tudo desande. Limites pessoais nos impedem de reagir mal em uma discussão ou de lidar com a situação de maneira sofisticada. Discussões devem ser como arremates com o objetivo de chegar a um ponto comum para que sua fortaleza fique ainda mais bonita ao final da obra. Perdoem-me pontuar, mas classe é fundamental até mesmo em momentos de crise. Violências verbal e física abrem precedentes e não ajudam a solucionar os problemas.

Limites saudáveis nos permitem ser livres para fazer nossas próprias escolhas e apreciar as diferenças e usá-las para o nosso crescimento como casal.

## Conclusão

Manter uma fronteira saudável é o melhor meio de preservar a individualidade numa relação. No entanto, quando for preciso definir limites, que isso seja feito de forma clara, sem raiva, frustração ou absoluta racionalização.

Nem sempre é possível definir um limite próprio e, ao mesmo tempo, cuidar dos sentimentos da outra pessoa. Eventualmente, acabamos ferindo o outro, mas, se soubermos até onde podemos ir, evitaremos gerar mais mágoa no futuro.

Alguns ficarão felizes em respeitar os seus limites, outros não. Estabelecê-los claramente não é fácil. É um contínuo processo de ouvir a si mesmo, respeitar a si mesmo e aos outros, enquanto indivíduo, parceiro, namorado, "ficante" ou casal – enfim, cuidar de si mesmo e do outro.

Mais do que tudo, é preciso salientar que os relacionamentos acabam quando essas barreiras não são respeitadas, ao colocarmos a ansiedade gerada por situações do passado no outro e cobrarmos o que não deveria ser cobrado. Nós nos perdemos e esquecemos que o sentimento, quando verdadeiro, se encarrega de fazer a coisa certa, no momento certo, com a pessoa certa. Colocar limites nos ensina que a vida a dois é possível e que as dificuldades encontradas em todos os relacionamentos podem ser trabalhadas para a construção dessa fortaleza. A essência de estipular limites está em respeitar e sermos respeitados, valorizar e sermos valorizados pelo que realmente somos.

# Relacionamento On-line

## Pingo no i

**As pessoas tendem a pensar** que relacionamentos a distância são uma das formas mais difíceis de gostar de alguém. No entanto, bate-papos *on-line* conduzem a encontros verdadeiros na vida real. A realidade se transforma inevitavelmente em mais do que você planeja e menos do que você espera.

Tudo começa com um *add me* seguido de um *like* nas fotos e nas postagens. De repente, um tilintar – uma chamada para uma conversa no privado – longe dos monitores da multidão.

Os sintomas se repetem (e se acentuam) a cada mensagem recebida: o friozinho na espinha, o coração acelerado, as borboletas no estômago, os tremores. Diversas substâncias, hormônios e neurotransmissores, responsáveis pelas sensações de euforia, chegam ao cérebro e ele acaba por decodificar a mensagem: isso mesmo, você está virtualmente apaixonada!

A visão, o olfato e o tato ficam mais aguçados. Além de aumentar o bem-estar e o bom humor, a paixão diminui os efeitos do estresse ambiental e melhora o sistema imunológico, o que aumenta a qualidade de vida e modula a forma de encarar os problemas. Aliás, já ficou comprovado que a paixão pode diminuir a depressão e trazer mais motivação e felicidade.

O relacionamento *on-line*, porém, pode ser colorido ou preto e branco.

Conversas diárias, compartilhamentos, segredos confessados na calada do teclado, sonhos, configuram uma relação envolvente para pelo menos uma das partes, e é difícil definir sentimentos reais.

De repente, a interação diminui. Postagens ficam sem respostas. Nem o WhatsApp nem o *e-mail* trazem mais notícias. Algo errado está acontecendo e um sentimento de rejeição se instala. Doloroso, com certeza. E você se pergunta: "Por que não insisti no encontro ao vivo e em cores?".

## Conclusão

A melhor opção diante do abandono na rede social parece ser ignorar os fatos e seguir em frente, sem confrontos. Afinal, por que investir energia em alguém que não leva em consideração seus sentimentos? O que explica o fato de duas pessoas terem uma forte conexão e, em seguida, esta se desmanchar na *web* do nada? Talvez ela nunca tenha existido.

Quem sabe, seja melhor seguir daqui para frente trazendo o virtual para o ao vivo, o que no seu coração já é uma realidade.

Quando existe sentimento, movem-se montanhas para estar perto, nem que seja necessário atravessar o mundo a fim de encontrar quem se ama. Não estou sugerindo resolver logo o destino da relação, até porque não se sabe se ela realmente existe em determinados casos, mas gostaria de encorajá-la a optar por uma atitude positiva, em vez de conter-se com a *webcam*. Na internet ou não, continue procurando quem um dia possa lhe dizer: "Quero ficar só com você".

# Pressa, inimiga dos relacionamentos

## Pingo no i

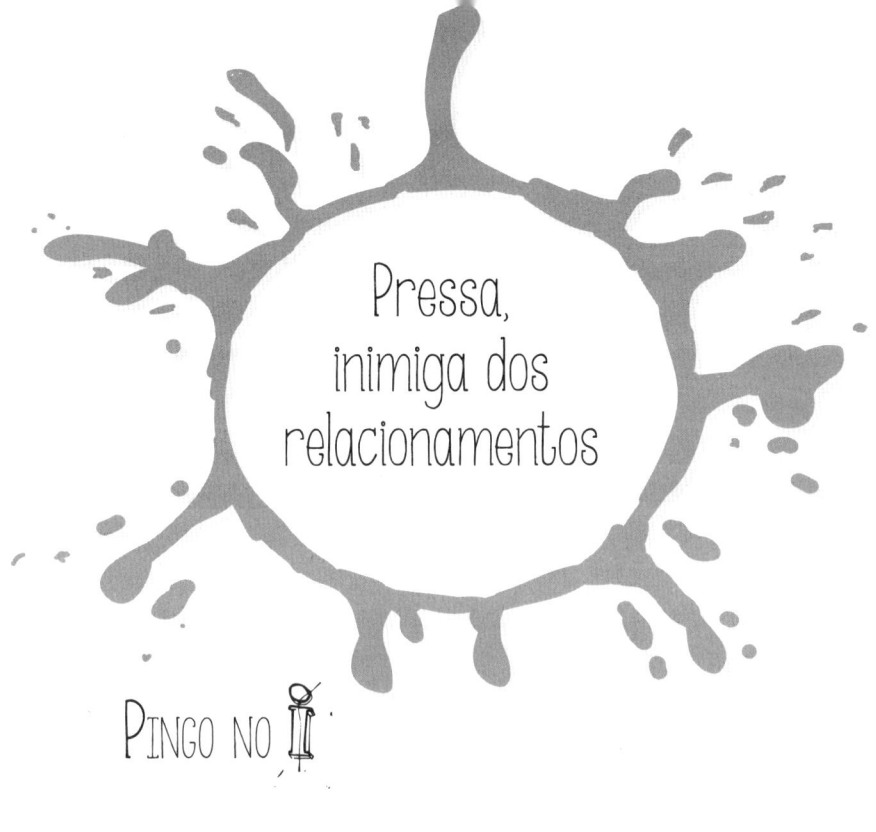

**Queixa de homem, recebida** via inbox na página Papo Reto:

> Minha namorada quer casar e fica dando indiretas o tempo inteiro. Eu a amo, mas não estou pronto ainda. Estou sentindo-me muito pressionado e, sinceramente, não entendo por que tanta urgência. Estamos juntos há pouco mais de um ano, não temos nem 30 anos ainda e eu estou enfrentando alguns desafios profissionais que são prioridade. A barra está pesadíssima!

Muitos homens têm me confidenciado o quanto se sentem abatidos no momento em que o assunto casamento vem à tona e suga todo o romantismo, quando na verdade deveria despertá-lo. Eles têm a impressão de estar cumprindo apenas uma obrigação, e não expressando afeto.

De fato, tenho visto mulheres de todas as idades criando expectativas sobre o namorado. A fantasia de menina – ir para o altar, vestida de branco – ofusca a percepção do que realmente importa: a relação amorosa com seu homem. Ele, por sua vez, quer desfrutar essa relação, para que ela evolua naturalmente até que se sinta pronto ou não para assumir o tal compromisso.

Vai tudo correndo bem até que, subitamente, a moça solta a pérola de que o namoro atingiu algum tipo de marcador, que ela mesma criou, e precisa evoluir para um casamento. O moço, então, começa a sentir-se culpado e confuso por tê-la encontrado.

Mulheres, por favor, em nome dos seus relacionamentos, poderiam, para o seu bem, fazer a gentileza de parar de pressionar? Isso não funciona nem a curto nem a longo prazo. E casamento não é prova de amor!

## Conclusão

**Se o casamento** tem valor inestimável para você, é claro que é importante discutir a questão para checar se o seu companheiro está na mesma direção. No entanto, uma vez que isso foi esclarecido, dê tempo ao tempo.

Aproveite o seu namoro e permita que seu namorado se prepare. Fazer uma proposta de casamento é um grande evento para o homem. Ele quer ter a certeza de que pode lhe oferecer segurança, por isso importa tanto que a carreira dele esteja estável. Dê-lhe tempo para que amadureça a ideia e sinta-se confiante.

A maioria dos homens que amam de verdade quer fazer sua mulher feliz. Homens também são românticos. Decerto, o seu se sente incomodado em saber que você está percebendo o tempo passar e as expectativas de sua família estão aumentando. Ele sabe de tudo isso e quer resolver a situação, mas, primeiro, precisa desfrutar o sentimento pleno, sem obrigações, e este é o tempo de conhecer um ao outro.

Pare de se torturar com uma linha do tempo imaginária e com a ideia de que deve se casar até determinada idade, senão essa opção expira. Não dê ouvidos à bilionária indústria do casamento; concentre-se em ser parceira.

Respeito é primordial. Dar ultimatos e pressionar não é respeitar. Se nesse meio-tempo ele a deixar por outra, agradeça ao universo por você não ter apressado as coisas. Tenha um relacionamento baseado no respeito mútuo e no amor. Um casamento não deve ser um negócio (assina aqui, carimba ali). Ame seu homem, respeite-o e deixe-o livre para fazer suas próprias escolhas, mesmo que no final a escolha não seja você. Mantenha a calma e será surpreendida.

Agora, se você está em um longo relacionamento que não ata nem desata, a conversa é outra. Se ele não tem atitude, o que você está esperando? Vire a página enquanto ainda é jovem e cheia de gás. Há uma grande diferença entre o homem que quer pensar mais um pouco e aquele que está incerto sobre querer ou não você. Saia dessa enquanto é tempo.

# Brigas & Arranca-rabos

## Pingo no I

Discussões são inevitáveis nos relacionamentos. Não são um sinal de que as coisas vão mal, da mesma forma que a ausência de brigas não é indicativo de que tudo esteja em harmonia. Todavia, não saber discutir e argumentar pode causar danos significativos e incomensuráveis à relação.

A principal substância que corrói a união entre duas pessoas em pé de guerra é a raiva. Estar raivoso – por mais que se tenha bons motivos para isso – turva o raciocínio, rasga o verbo, abre espaço para o exagero. À raiva se associam expressões (de remorso) como: "Falei tudo o que queria e tudo o que não queria. Agora estou arrependida".

Com raiva ninguém pensa direito. Ninguém sabe ao certo o que disse. Há erros de interpretação, e eles só agravam ainda mais a situação.

Alto lá. Respire fundo. Deixe o seu ritmo cardíaco abrandar um pouco antes de falar. Se for possível, saia de cena até se acalmar.

## Conclusão

 com alguém, precisa ter um momento para pensar não apenas no que está dizendo, mas em como o seu parceiro irá receber suas palavras. Às vezes, as queixas são apenas fachadas e encobrem o verdadeiro problema. Isso não só é infantil como contraproducente. Se você não resolver a questão na raiz, trocar palavras ásperas e superficiais não vai levá-los a lugar algum.

Então, antes de mais nada, foque o cerne do que a incomoda e discuta o que realmente importa.

Antes de expor seus argumentos, pergunte a si mesma se o que você está afirmando:

1 - É verdade.
2 - É necessário.
3 - Pode machucar.

Lembre-se de que nem toda verdade deve ser dita, principalmente em determinados momentos. Em uma discussão, nada que não seja empenhar-se em restabelecer a harmonia é necessário. Quem ama, preocupa-se em não ferir o outro. Se isso acontecer, seja a primeira pessoa a pedir desculpas. Deixe o seu ego de fora. Egos machucados destroem as melhores intenções.

# PALAVRA DE ESPECIALISTA

Um ponto a favor dos homens quando o assunto é discutir a relação. Diferentemente da maioria das mulheres, a argumentação deles é estabelecida a partir de um ponto de vista lógico, enquanto elas discutem sob o calor das emoções. Isso não quer dizer que um modelo seja melhor do que o outro, mas, sim, que os estilos são encantadoramente incompatíveis, embora harmônicos.

Quando um homem sente que está com a razão, tenta provar à sua parceira que ela está equivocada a partir de argumentos racionais. Para a mulher, isso soa como se ela não devesse sentir ou agir da forma como está fazendo. Essa "proibição" só faz acirrar os ânimos, uma vez que ela é incapaz de sair do plano emocional de imediato para o prático-racional.

Na maioria das vezes, numa briga, cada parte quer mostrar que tem razão. Por mais errado que esteja, empenha-se em provar o contrário a todo custo. Por quê? Questão de orgulho. O embate é sempre entre seu ego e o do outro.

No entanto, nos relacionamentos amorosos, vencer significa perder feio. Muito mais fácil é pedir desculpas e acabar com a desavença o quanto antes, pois, a longo prazo, o que vale nas relações afetivas é aquele exato momento em que as máscaras caem.

# CANTINHO PESSOAL

**Quando uma relação** se inicia, são impostores que se apresentam, pois, infelizmente, não somos autênticos no primeiro momento.

Cada qual se comporta de acordo com um modelo da pessoa que aspirava ser. Esse personagem, que o teatro profissional japonês denomina de "Nõ" ("Nou" ou "Noh") e que bem a propósito faz uso de máscaras, é aquele pelo qual se nutre uma paixão. Uma luta entre a pessoa que você acha que deveria ser e pela qual é apaixonado e a pessoa que você é de verdade.

Resultado: com o tempo, passamos a nos relacionar com uma persona inventada, e não com alguém autêntico. Um belo dia, porém, a máscara cai e fica aquele sentimento: "Eu gostaria tanto que ele voltasse a ser como era".

É muito importante, portanto, que tanto o homem quanto a mulher sejam consistentes, genuínos e fiéis à sua personalidade desde o começo da relação. Descobrir a autenticidade do outro faz parte da mágica arte do encontro. Pessoas que procuram um relacionamento sério e maduro não se escondem atrás de fachadas, recusam-se a jogar jogos e representar personagens.

Se você perdeu a sua identidade por amor, lembre-se das palavras de George Elioti, pseudônimo de uma romancista britânica: "Nunca é tarde demais para ser quem você poderia ter sido".

Meu conselho: seja rebelde! Seja você mesma!

# Quando ele some

## Pingo no i

**Discutiu com o namorado** e ele se recolheu e quer ficar em silêncio? O dia dele foi ruim e ele se recusa a falar sobre o assunto?

Aposto que a luz vermelha acendeu e está lhe dizendo: "Cuidado. Perigo!".

Cuidado mesmo se pressionar, pois seu relacionamento pode ir pelos ares.

Mulheres gostam de conversar sobre seus problemas; homens gostam de trabalhá-los. Eles põem ordem sozinhos. Muitas vezes, pensam que a masculinidade deles sairá arranhada se compartilharem sentimentos.

É preciso, antes de mais nada, entender a lógica que está por trás da atitude de se recolher. Sempre que os homens se distanciam em uma situação de conflito, o que estão fazendo é processar as informações. Portanto, quando ele se afastar, não o persiga. Deixe-o em paz.

Caso contrário, você vai empurrá-lo para bem longe da sua presença. Se você o incomodar enquanto ele monta seu quebra-cabeça interno, esse pode ser o motivo pelo qual ele vai deixá-la sozinha a ver navios. Portanto, não entre em pânico: seu relacionamento não está condenado só porque Batman se recolheu para pensar na caverna!

## Conclusão

**Dê-lhe espaço.** Tempo. Sim, senhora, sei que isso pode levá-la à loucura.

A mulher sempre acaba pensando o pior quando o homem quer silêncio: acredita que ele deve ter perdido interesse por ela, que o perdeu para todo o sempre, que ele está com raiva etc. Calma! Respire fundo e afaste-se lentamente da luz de emergência. Ele só está agindo como o sexo masculino, em sua maioria, costuma fazer.

Homens precisam de mais espaço que nós. Mulheres podem destilar horas de conversa com suas amigas em torno do seu companheiro. Eles não. Quando saem com amigos, não têm por finalidade falar sobre os seus sentimentos. Preferem discutir futebol, economia, enologia, a bunda que passa, o peito que pula – menos sentimentos.

Dê-lhe o tempo que for preciso para que ele saia da zona de confronto sem acrescentar mais problemas. Ele voltará, não se preocupe, e será capaz de explicar com poucas palavras o que aconteceu. Também não espere uma resposta longa. Não se trata de uma tese de doutorado!

No caso de você ainda não ter percebido, os homens não são simplesmente tão complexos como a gente. Se eles querem compartilhar algo com você, compartilham. Se não, não compartilham e pronto. Ainda assim, isso não significa que eles sejam menos complicados. A chave é saber quando segurá-los e saber quando lhes dar espaço.

Se ele está se afastando, há provavelmente uma razão, mas você não pode forçá-lo a compartilhá-la. Depois de dar algum espaço, avalie a situação:

1. SE ELE DEMORAR muito e der sinais de que não quer enfrentá-la, exerça seu direto de perguntar se está tudo bem. Se ele diz que sim, melhor que fique sozinho. Não queira consertar o que não está quebrado.

2. SE ELE TERMINAR com você nesse meio-tempo, ou aparecer com outra mulher, ele pode a estar testando, para ver o quanto você pretende lutar por ele. Nesse caso, deixe claro que você não vai ficar esperando. Você está em movimento, e a fila anda.

3. SE ELE REALMENTE a quer, vai voltar. Virá ao seu encontro. Caso contrário, era apenas um elo para o seu próximo e bem-sucedido relacionamento. Parta para outra. Lembre-se, o dever de casa é só dar espaço.

# PALAVRA DE ESPECIALISTA

**A boa comunicação** é um dos requisitos para um bom relacionamento? Correto. Mas, afinal, o que é uma comunicação eficaz e por que parece tão difícil entrar em entendimento com o sexo masculino?

Se você está tentando negociar algo fácil que deve ser feito – como lavar a louça, colocar o lixo para fora – ou discutir um assunto mais delicado – corrigir problemas na cama, por exemplo –, saber falar a mesma língua que o seu parceiro é fundamental. Se homens e mulheres desejam uma relação consistente, harmoniosa e bem-sucedida, devem aprender a reconhecer os próprios erros, ter orgulho do seu parceiro e aceitá-los como é, e não o cooptar e convertê-los à sua maneira de pensar. Entender um ao outro, embora difícil, é fundamental.

As mulheres falam demais, e gostam disso. Os homens preferem ir direto ao ponto. Essa diferença de estilos muitas vezes deixa ambos frustrados na tentativa de chegar a uma conclusão.

Baseada em um dos estudos do sexólogo americano Alfred C. Kinsey, eu diria que:

1. Os homens se comunicam para compartilhar informações, não para estabelecer relações. Por exemplo, ele pode dizer algo como: "Você sabia que abriu um novo restaurante indiano no centro? Temos que conhecer". Tudo o que ele espera em resposta é: "Sim, seria ótimo". Obviamente, está implícito que compartilhar esse programa significa investir no relacionamento a dois, mas não é isso que está em questão. A informação é que abriu um restaurante novo e ele parece ser interessante.

2. Os homens são econômicos nas palavras e falam bem menos que as mulheres. Isso significa que uma conversa com eles pode não ser tão gratificante quanto uma com uma amiga. Por isso, não se frustre se ele não demonstrar interesse em trocar ideias.

3. Tente falar menos. Na maioria das vezes, os homens são péssimos ouvintes e será melhor chegar ao ponto antes do ronco. Exemplo: "Querido, preciso da sua ajuda com as compras de hoje". Isso é tudo o que ele precisa ouvir. Poupe-o da lista de compras, do endereço do supermercado e, acima de tudo, da divisão de tarefas e das queixas quanto à dupla jornada feminina.

4. Exerça uma comunicação direta. Homens perdem o interesse quando você toma um longo caminho e faz rodeios até chegar ao cerne da questão. A informação

é: "Comprei um vestido novo. Você quer vê-lo?". Os adendos dispensáveis aos olhos masculinos são: "Onde você o comprou? Por que comprou? Quanto tempo levou para escolhê-lo? Como chegou à loja? Como irá pagá-lo? COM MEU CARTÃO?".

## CANTINHO PESSOAL

Uma palavrinha aos homens. Penso ser importante informá-los de que as mulheres usam a comunicação para estabelecer relações. Por meio do diálogo, da descrição do seu dia a dia, de problemas e soluções, elas acreditam estar selando e consolidando uma relação. É o conceito de troca feminino. Por isso elas falam tanto. Às vezes, tudo que elas querem é desabafar e ser ouvidas. Entenda que nem toda pergunta é cobrança ou deseja uma resposta. Sei que parece complicado, mas é a forma que elas encontram para compartilhar experiências. Escute sua companheira com atenção, faça a sua parte e tente aprimorar a comunicação.

# A vulnerabilidade masculina

## Pingo no i

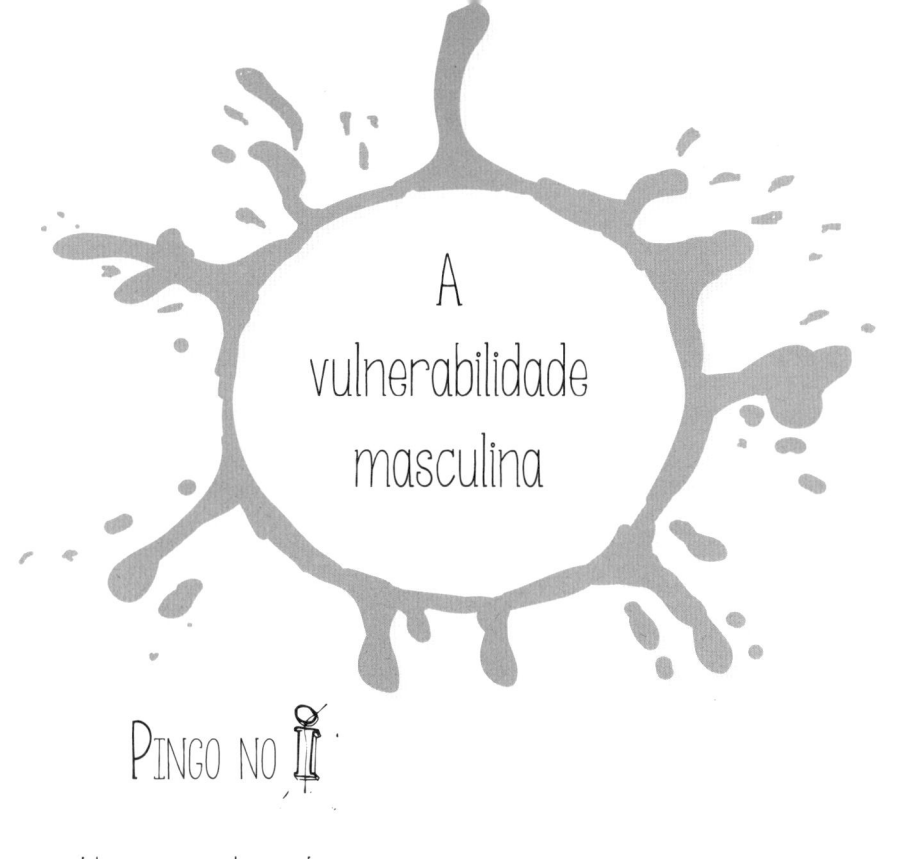

**Homens também são inseguros** quando o assunto é sexo e relacionamento, em especial na faixa entre 24 e 35 anos. Não é que não saibam fazer amor ou relacionar-se. Eles sabem e, têm na maioria das vezes, uma vida sexual ativa, mas se sentem inseguros quando algumas "verdades" lhes são jogadas na cara no decorrer de um relacionamento.

Historicamente, os homens tornam-se ansiosos a partir da puberdade, época em que algumas perguntas surgem: "Como atrair alguém? Como entender as mulheres?". Nunca! Essas são algumas questões por eles colocadas, ao lado do desafio da imagem corporal e do desempenho sexual. O problema é que isso não é apenas uma fase. Para alguns, esse sentimento de insegurança e "impotência" se arrasta pela eternidade.

Na contramão, quando um homem se mostra genuinamente confiante, é certo que tenha cruzado um longo caminho para aprender coisas sobre ele mesmo, além de adaptar-se ao sexo oposto, entender as mulheres e lidar com elas.

## Conclusão

Homens com baixa autoestima desde a adolescência podem ter mais dificuldade para se sentir confiantes na condição de macho adulto, mas isso não é impossível.

Para acabar com a insegurança, dou-lhes algumas orientações:

1. PENSE EM TUDO que você faz bem e tudo que você gosta em você mesmo. Faça esses atributos serem sua fonte inicial de confiança.

2. LEIA MAIS SOBRE sexo. Curiosamente, uma pesquisa norte-americana mostrou que os homens que leem artigos em revistas de sexo são mais abertos a novas experiências e têm boa atuação na cama. Se você quer melhorar a sua imagem corporal, vá malhar. A endorfina e a atividade física o farão sentir-se bem. Experimente coisas novas, curta a vida, e isso se traduzirá no todo.

3. UMA PALAVRA TAMBÉM para as mulheres. Lembrem-se: ele não é apenas um amante; é um amigo. Isso significa que

você é aliada e incentivadora da autoestima dele. Se não consegue acompanhar o *script*, deixe-o livre para outra.

**4** Outro conselho: TRATE de aceitar o homem que você ama com as suas limitações e o ajude a ganhar confiança, porque isso alivia a preocupação que canaliza sobre ele mesmo e libera a sua *performance* sexual. Ajude-o a acreditar que ele é capaz.

**5** Querido, quando ela lhe fizer um elogio que o faça sentir-se bem, acredite e confie. Se ela está com você, é porque você tem valor. Não jogue isso fora por insegurança. Converse com ela. Aprenda do que ela gosta e elimine suas elucubrações sobre sexo. Isso o deixará seguro.

**6** Regra para todos: nunca, jamais, pensem em denegrir a imagem do outro usando o viés sexual. Como se diz na linguagem popular, "tamanho não é documento". No passado, depois de usar algumas mulheres, alguns homens costumavam diminuí-las. Pelo visto, as mulheres contemporâneas aprenderam e aprimoraram a lição.

## Obs.: um erro não justifica o outro

# Quando você é a outra namorando homem comprometido

## Pingo no i

**Certo ou errado, muitas mulheres** não resistem à tentação de se relacionar com um homem comprometido – esteja ele casado, noivo ou namorando. O ímã da atração pode ser de cunho emocional ou mesmo financeiro. Seja como for, uma coisa é incontestável: homem comprometido, mas que está sexual ou emocionalmente envolvido com outra mulher que não a sua, não é feliz nem consigo mesmo nem com ninguém. Para ele, tudo não passa de um jogo. E, o pior de tudo, não é ele quem vai sair perdendo.

Toda mulher merece ser amada. Quando seus sentimentos estão dirigidos para uma pessoa comprometida, porém, há de se considerar alguns aspectos e peculiaridades dessa relação.

## Conclusão

Se você vai se relacionar com um homem que esteja envolvido com outra pessoa, algumas coisas devem ficar claras desde o princípio:

1. COMPREENDA EXATAMENTE ONDE você está se metendo e estabeleça limites desde o começo para não sofrer desgosto nem humilhação. Ser desmascarada como "a outra" é garantia de um final deprimente.

2. CONGELE OU ENTERRE suas crises de ciúme. É certo que ele a colocará em cheque. Lembre-se de que esse homem tem um compromisso assumido com outra mulher ou família e é com elas que passará a maior parte do seu tempo. Ele pode oferecer a você algumas horas ou uns poucos dias; nunca mais que isso. E será necessário ter uma vida muito bem resolvida e uma agenda suficientemente cheia para suportar a distância.

3. NAMORAR NESSAS CONDIÇÕES significa viver à margem de tudo e de todos, e sempre brincar de esconde-esconde.

Portanto, engajar-se nesse tipo de relacionamento é morrer com pequenas doses diárias de solidão.

4. Não queira medir forças e separar seu amante da família. É guerra perdida. Se fizer isso, vai forçá-lo a escolher entre você e ela. Em 99,9% dos casos você vai perder.

5. Contando todos os ônus e bônus, reconheça que namorar alguém comprometido causa mais feridas e dor do que vale a pena. Nesse jogo, não há intenções dignas. Obviamente, elas não são dignas. Ou será que existe alguma dignidade em destruir uma relação consolidada?

6. Não duvide: homens comprometidos podem enganá-la durante meses, anos, e deixá-la cada vez mais confusa. Há legiões de mulheres que ainda agora estão esperando os filhos do amante crescerem um pouco mais, a esposa doente se recuperar ou morrer de uma doença crônica ou ainda a separação ser sacramentada. Com isso, você pode perder dez, vinte ou trinta anos da sua vida, bem como a juventude, a alegria e a oportunidade de encontrar uma pessoa livre, leve e solta que a valorize. A regra é: você não tem direito a nenhuma reivindicação emocional.

7. Muito cruel: esse homem comprometido pode até decidir acabar com o relacionamento anterior e assumir você. No entanto, a sobrevivência da união de vocês não estará garantida. Se ele está enganando alguém hoje, amanhã pode ser a sua vez de ser traída.

Consegue confiar nele? Não se iluda. Quem mente uma vez, pode mentir centenas.

EM RESUMO, UMA mulher inteligente não procura problemas. Quer soluções. Homem comprometido só serve para quem não tem amor-próprio, tem baixa autoestima e gosta de sofrer. Se está sozinha, busque um parceiro que possa comprometer-se com você por inteiro.

# PALAVRA DE ESPECIALISTA

Em um relacionamento saudável, forças não são medidas. Não existe dominador e dominante, como na selva. Isso não significa que um não possa tomar mais decisões sobre determinadas coisas. É claro que sempre haverá um ou outro aspecto da rotina diária com o qual um dos parceiros lida melhor. No entanto, ambos valorizam um ao outro como indivíduos e como companheiros. Ninguém é o líder de nada, nem chefe de coisa alguma. Em um relacionamento doentio, esse equilíbrio simplesmente não existe. Um dos dois assume o *status* de todo-poderoso e dono da verdade, e tem as rédeas de todas as decisões. Ao outro cabe tentar desesperadamente mantê-lo feliz, o que inclui adivinhar seus menores desejos e servi-lo, vilipendiando seus próprios desejos e ansiedades.

Tais relações são baseadas em um vício de domínio e uma dinâmica insalubre. O abuso, que nem sempre é físico – mas emocional, espiritual e mental –, é devastador para o senso de autoestima e orgulho próprio do subjugado.

Fique longe desse tipo de relacionamento. A igualdade e a cumplicidade são fundamentais para o sucesso da vida a dois.

# Se ele trai você, a culpa é sua?

## Pingo no i

Ser vítima de uma traição nunca é divertido. Mesmo que o seu relacionamento esteja por um fio, não há nada de edificante em ser enganada. Descobrir que o seu homem pulou a cerca pode pegá-la desprevenida ou não, mas é sempre devastador. Pior ainda quando, em meio a uma enxurrada de emoções negativas e muita raiva, desponta a semente da dúvida: "Terá sido minha a culpa?".

# Conclusão

**Por mais que um** mea-culpa esteja fora de questão em qualquer circunstância, alguns homens comumente exploram essa saída a fim de se justificar.

Você pode se perguntar: "Será que faltava algo em mim e ele o encontrou em outra pessoa? Será que ela é mais bonita, mais inteligente, mais nova, melhor de cama e mais divertida?".

Pare de se atormentar. A atitude do seu parceiro pode trazer à tona suas inseguranças mais profundas, mas tente não cair nessa cilada. Nunca é culpa sua, e não importa a maneira como ele está conduzindo o jogo. Eis a razão:

**1** — Talvez você realmente esteja cansada demais para o sexo. O trabalho, os afazeres domésticos ou as crianças a sobrecarregam e, no fim do dia, você não tem mais energia. Quem sabe você não tenha mais tanto tempo para ele. Não importa. Seja qual for o motivo que o levou a suprir suas necessidades em outra freguesia, um homem maduro deve comunicar o problema à companheira antes de achar uma solução alternativa.

**2** — Ainda que ele comunicasse suas necessidades e você não admitisse o problema e procurasse resolvê-lo, não há motivos para enganá-la. Ele deve ser forte e maduro o suficiente para tentar corrigir os problemas ou, a rigor, terminar a relação antes de se envolver com outra pessoa.

**3** Pular a cerca não tem nada a ver com você ou com a qualidade do seu relacionamento. Alguns homens traem porque estão passando por problemas pessoais – uma crise de meia-idade, adolescência, idade adulta, terceira idade, fora da idade ou outra insegurança qualquer – e querem ter a impressão de que ainda despertam desejos.

**4** Mesmo que você não faça o tipo Amélia, mulher de verdade e perfeita em tudo, não permita que ele jogue a culpa em você. Isso é jogo sujo e imoral. Pessoas inseguras serão sempre inseguras, por mais que sejam bajuladas. O amor-próprio dele não depende de você injetar doses cavalares de elogios. Não cabe a você mudar a forma como ele se sente. A autoconfiança vem de dentro!

**5** Um trapaceiro pode culpá-la por sua infidelidade, mas uma vez traidor, sempre traidor. Não merece uma terceira chance – muito menos confiança. Não foi você que o fez enganá-la. Cada um é responsável pelos seus próprios atos. E que venham as consequências.

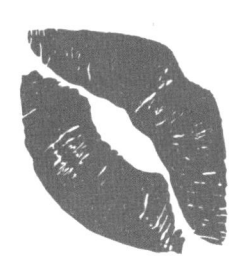

# Pare de dar mais do que recebe

## PINGO NO I

**É doloroso empenhar-se** para que uma relação dê certo e a outra pessoa não se mostrar disposta a fazer a sua parte. Você acaba se tornando uma especialista em preencher os espaços em branco do seu relacionamento. Só você planeja atividades para fazerem juntos. Só você investe no contato físico. Só você toma iniciativas sexuais. Você cria um clima de intimidade: arruma a casa, passa no sex shop, gasta uma grana no supermercado, seleciona algumas músicas, acende velas, faz o jantar, imagina uma noite especial. E ele? Ele entra como coadjuvante, convidado. Participação zero, e ainda reclama.

Quando você sente necessidade de conversar, vem à tona o desconforto diante do silêncio prolongado do seu parceiro e então você dirige todos os holofotes na direção dele e para os sentimentos dele. O seu trabalho é desmerecido e esquecido. E, na tentativa de não o afastar, uma vez que ele normalmente não quer conversar sobre o assunto, você deixa de lado as suas necessidades e prioriza as dele. Por fim, querendo solucionar um problema do qual não é culpada, você tenta uma aproximação fazendo perguntas na esperança de respostas: "Como você está se sentindo? Em que você está pensando? Há algo que esteja faltando? O que posso fazer por você?".

Como o sexo feminino tem instinto materno, é cuidador e emotivo, ao sentir que o outro se retrai, faz perguntas na tentativa de ajudá-lo. O problema que foi ocasionado por ele, na cabeça dela, passa a ser dela quando ele joga com a sensibilidade da parceira. Então ela se pega pensando: *Talvez o erro tenha sido meu de querer sair quando ele estava cansado.* Mas e ele? E a contribuição dele nesse relacionamento? Será que ele não poderia ceder em favor dela? Será que ele não poderia fazer um esforço para agradar-lhe?

Definitivamente, você é a única que está investindo nesse relacionamento.

No início de uma relação, preencher lacunas dá certa alegria: você sente que está progredindo. No entanto, depois de algum tempo, os ressentimentos e as frustrações começam a aparecer tão logo você se dá conta de que está em carreira solo. Na certa, ele se acostumou a lhe delegar o leme desse barco furado.

Quando você está sozinha à frente do barco, pode correr o risco de enganar-se e acabar acreditando que está vivendo um relacionamento maravilhoso. De repente, porém, o barco fica à deriva. Você tenta entender o que aconteceu, pensa que seu parceiro está ao seu lado, como tem estado esse tempo todo, mas, na verdade, ele já não está presente há muito tempo. E talvez nunca tenha estado! Você estava remando sozinha.

Assim, enquanto você trabalhava para preencher o branco emocional, seu parceiro apenas pegava uma "carona" no relacionamento. Você não percebe e, quando para, a pergunta é inevitável: será que você deu mais do que recebeu pelo seu empenho para manter um relacionamento naufragado?

## Conclusão

Acredito que faça parte da natureza feminina preencher vazios, criar algo onde não existe nada. Alguma vez você já abriu uma gaveta vazia e sentiu necessidade de colocar algo lá dentro? Você tem o ímpeto de decorar ambientes nos quais não existe sequer um móvel? Você tem a necessidade de preencher a escuridão com luz, silêncios com palavras, distâncias com manifestações de afeto, tempo ocioso com atividades? Pois essa qualidade é tipicamente feminina! Ocorre que acabamos remando o barco sozinhas.

Como parar de dar mais do que recebemos?

Basta parar de remar o barco! Pare de pensar que você tem de lutar muito para ganhar um pouco de amor. Pare de achar que ele a abandonará se você não fizer isso. Apenas pare.

Pare de fazer planos para preencher o tempo livre. Pare de correr atrás do seu parceiro para lhe dar um abraço apertado, para ganhar um beijo, para fazer amor.

Dê ao seu homem a oportunidade de assumir o comando. Pare de contentar-se com nada. Pare de procurá-lo sexualmente e dê-lhe a chance de seduzi-la. Quando o seu parceiro perguntar sobre seus planos para o fim de semana, simplesmente diga: "Pense em algo, querido. Por que você não me surpreende?".

Preencha sua vida com outras atividades para que sua relação com esse homem não seja a única coisa que você tenha em mente. Siga o seu sonho, cuide bem de você. Diga-lhe que precisa dele e exponha sua necessidade de compartilhar a carga emocional do relacionamento. Faça um compromisso com você mesma: "Não preciso me esquecer de mim para ser amada pelo outro".

# Como evitar brigas?

## PINGO NO I

**Vocês brigam constantemente**, discutem, discordam, de tal maneira que há mais coisas que os separam do que os unem harmoniosamente.

É normal um casal ter uma ou outra discussão ocasional. Pequenos confrontos nos ajudam a conhecer um ao outro. Costumo dizer que todo relacionamento precisa do desentendimento, para colocar as coisas nos lugares, e da euforia da volta, para apimentá-lo. Mas alto lá! Não deixe sua união ser transformada em um tatame. Há muita gente dando brecha para atritos desnecessários.

Nunca é demais lembrar: o principal objetivo de um relacionamento a dois é a felicidade como casal. Se sua vida a dois é estressante, esforce-se para mudá-la. Você pode viver em paz com o seu companheiro em meio à pressão do dia a dia, se estiver ao lado da pessoa certa. No entanto, se sentir que seu relacionamento é uma bomba de efeito retardado, deve dar alguns passos importantes para trazer paz à sua vida.

## Conclusão

Nem tudo o que você pensa precisa ser dito em voz alta. Aplique aqui a valiosa regra da "Proporção 5 para 1". Para promover um diálogo equilibrado, no qual seu parceiro sinta-se amado e valorizado, você deve apontar cinco aspectos positivos para cada traço negativo dele que mencionar. Agindo dessa forma, alimentará seu relacionamento com mais positivismo.

Numa discussão, faça uma pausa antes de reagir. Antes de partir para o confronto, em resposta a algo negativo que ouviu ou do qual discorda, respire fundo. Desligue a máquina. Dê um tempo. Pergunte-se quão importante é essa questão e se vale a pena começar uma briga. Será esse o momento certo para iniciar essa discussão?

Ele pode se sentir provocado no início, mas você estará treinando seu cérebro para esperar um segundo e só então se permitir expor seus pensamentos, depois de feita uma boa triagem entre o que é construtivo e o que é apenas agressão e pode culminar em destruição.

Esse é um bom exercício que vai ajudá-la em seus momentos de maior emotividade. Essa pausa é a diferença entre salvar um relacionamento e pôr tudo a perder. Tentar não colocar o dedo no gatilho ou buscar a resposta ideal – aquela que vai matá-lo de raiva – é uma astúcia importante. Em lugar da arma carregada de chumbo grosso, você propõe argumentos racionais, com calma e equilíbrio, desarmando-o definitivamente. Assim, você poderá se comunicar de forma mais eficaz.

Outro ponto: pergunte-se por que você entrou nessa briga. Esteja ciente de que alguns embates não são originados de assuntos relevantes. Talvez o verdadeiro motivo seja outro mais profundo, mal resolvido, com raízes no passado, ou talvez vocês estejam apenas tendo um dia ruim.

Mais calma, procure conversar com ele sobre esse assunto em definitivo, de modo que ele não seja trazido à mesa novamente. Faça um acordo para enterrá-lo de vez. Vocês brigam regularmente por causa das crianças? Dinheiro? Afazeres domésticos não compartilhados? Traços de personalidade? Em um momento mais calmo, negocie uma estratégia para lidar com a questão a dois, em lugar de se engajarem numa luta perene e solitária.

Passem bastante tempo felizes juntos. É mais difícil discutir com alguém por quem você tem muito afeto. Salpique sua relação com uma boa dose diária de gratidão e gargalhadas. Isso evita a depreciação, a repreensão mútua e as brigas. A felicidade é um poderoso tônico contra conflitos.

# A competição nos relacionamentos

## Pingo no i

Você costuma entrar em discussões e desentendimentos com seu companheiro? Há uma sensação de desigualdade no seu relacionamento? Um dos dois sempre insiste em estar com a razão ou quer se destacar mais que o outro?

A competição é comum em locais de trabalho e no esporte. Em casa, pai e mãe medem forças na hora de ajudar os filhos com a lição de casa ou na transmissão de valores. Socialmente, a concorrência é considerada saudável: estimula a dar o melhor de si e a buscar a vitória. Todavia, se existe um campo em que ela deve ser banida, é o afetivo. Casal que compete entre si condena a igualdade e mata a harmonia. Nada mais nocivo.

Na maioria das vezes, a competição entre um casal gira em torno de um procurar ou apontar os defeitos do outro, com o intuito de mostrar que sabe mais. A concorrência em um relacionamento faz ambas as partes se sentirem desanimadas e cansadas com o tempo. Ela pode até levar ao fim do relacionamento. O objetivo de estar junto é a unidade, e não a inimizade.

Lembre-se de que vocês estão no mesmo time. Abrace as diferenças e veja nelas oportunidades de crescimento. Diferenças não são motivos para frustração. Os atletas que jogam em equipe são bons no que fazem porque trabalham de modo incansável para praticar e aprimorar suas habilidades individualmente; ao mesmo tempo, eles aprendem a se encaixar no time. É assim que deve acontecer para que um relacionamento dê certo.

## Curiosidade

Conviver com o outro não é fácil, principalmente quando há muito ego em jogo. Competição nada mais é do que uma guerra de egos. A vida a dois tem muitas recompensas. Pesquisas da Universidade de Ohio, publicadas na revista *Digital Web Med* (www.webmd.com), comprovam que pessoas casadas vivem mais, principalmente os homens, que em geral morrem mais cedo do que as mulheres. Além de aumentar a expectativa de vida, evita doenças cardíacas e acidentes vasculares cerebrais. Se alguém procurava algo bom no casamento, já tem de sobra.

Segundo o psiquiatra Sudeepta Varma, MD, da NYU Langone Medical Center, "pessoas que vivem sozinhas e infelizes correm o risco do isolamento social e isso pode levar à depressão".

Morar com alguém também pode trazer benefícios à saúde. "A coabitação tem efeitos positivos, mas não com a mesma intensidade como o casamento", é o que diz Christopher Fagundes, PhD em Psicologia da Universidade de Ohio.

Para Fagundes, "Estar em um relacionamento infeliz pode ser insalubre porque o estresse crônico de um casamento ruim atinge o sistema imunológico, e homens e mulheres são igualmente afetados por suas más escolhas"

## Conclusão

Três coisas que aprendi em relacionamentos desse tipo e que podem amenizar a concorrência entre parceiros:

1. Reconhecer que o ímpeto competitivo é um sinal de fraqueza emocional. A vitória foi projetada para evitar sentimentos intoleráveis de derrota e fracasso.

**2** Portanto, sinta compaixão por quem é muito competitivo e entenda que é praticamente impossível um relacionamento dar certo com pessoas a esse ponto destrutivas.

**3** No fundo, o jogo da concorrência é a busca pelo amor. Pessoas que competem demasiadamente não se sentem amadas. Pequenas vitórias sobre o outro fazem com que elas se sintam melhor porque isso lhes proporciona uma falsa sensação de autoestima. O que você fizer para ajudá-las a trabalhar o amor-próprio diminuirá essa necessidade de competir.

**4** Observe em quais momentos (ou circunstâncias) há mais concorrência entre você e seu parceiro, e esforce-se para cultivar a igualdade e a harmonia. Isso significa valorizar e ser valorizada em igual proporção e evitar julgamentos. Onde existe afeto não deve haver concorrência.

# Transforme seu relacionamento em algo verdadeiro

## Pingo no i

Alguns relacionamentos são bênçãos; outros nos servem como lição. De qualquer maneira, nunca se arrependa de ter conhecido alguém: todo mundo tem algo de importante para nos ensinar. Consequentemente, sempre temos algo a aprender. Algumas pessoas nos testam, outras nos usam, outras são puro aprendizado. As mais importantes são aquelas que trarão à tona o melhor que há em nós.

Quando passamos por situações difíceis, algumas pessoas nos abandonam. Quando estamos em uma pior, descobrimos quem são nossos verdadeiros amigos. Existe muita gente em volta em tempos de divertimento, mas quem fica ao nosso lado nos dias de penúria, de altos e baixos, de TPM, de lado negro exposto, realmente nos ama.

O mundo está repleto de pessoas falsas. É muito fácil gostar de alguém que lhe diz exatamente o que você quer ouvir. Tem gente legal apenas para a sua própria conveniência, do tipo que só telefona quando precisa de alguma coisa ou se aproxima quando convém.

Nem todo mundo tem boas intenções. Às vezes, você precisa ser enganada e traída para encontrar sua alma gêmea e seus verdadeiros amigos. Podem facilmente tentar usar de sinceridade, mas, quando alguém ama você de verdade, não precisa abrir a boca. Você é capaz de sentir pela maneira como é tratada.

## Conclusão

Moral da história: ações falam mais que palavras. Uma pessoa pode se dizer arrependida cem vezes, pode dizer que a ama outras mil vezes, mas, se não provar, desconfie.

1 NÃO SE CONTENTE EM SER apenas um passatempo na vida de alguém aceitando apenas "ficar" ou embarcar em relações momentâneas quando esse momento já virou constância. Quem não pode separar o melhor

do seu tempo para você, especialmente quando você mais precisa, não merece o seu tempo.

**Palavras duras** podem machucar mais do que fisicamente. Causam feridas e cicatrizes enormes. Prove do gosto das suas próprias palavras antes de vomitá-las e lembre-se de que o que você diz reflete a sua alma.

2

3 **Um erro é um acidente.** Enganar e mentir não são erros, mas escolhas intencionais. Pare de se esconder atrás das palavras "errei" e "desculpe-me", e não se relacione com quem faz isso.

**Ciúme excessivo** não é a forma de medir o amor. Ele mostra apenas o quanto você não gosta de si mesma. Se não dá para confiar, não dá para conviver.

4

5 **Quando as pessoas são** desagradáveis, normalmente é melhor se afastar delas. Quando alguém a trata como lixo, não dê atenção e não leve para o lado pessoal. Ele não está dizendo nada sobre você, mas sobre si mesmo.

**As pessoas irão tratá-la** da maneira como você permitir que a tratem. Você não pode controlá-las, mas pode definir o que tolerar.

6

**7** Coisas boas acontecem quando você se afasta de quem é negativo. Tenha respeito e amor-próprio por si mesma. Uma das tarefas mais difíceis da vida é tirar alguém do coração. Mas lembre-se: nenhum caso é tempo perdido. Relacionamentos errados nos ensinam lições e nos preparam para algo melhor.

**8** Ressentimento machuca você mesma, não o outro. Mostre que aprecia sua própria felicidade o suficiente para não deixar que alguém destrua sua capacidade de viver com um coração compassivo.

**9** O silêncio e um meio sorriso podem esconder muita dor. Preste atenção em quem se preocupa com você. Às vezes, quando o outro diz que está tudo bem, está precisando que você olhe em seus olhos e diga que o ama.

**10** O amor verdadeiro não manipula. O verdadeiro amor surge quando você se sintoniza de fato com o que a outra pessoa é e quando você se desnuda, sendo você mesma.

## 11

É PRECISO HAVER DUAS pessoas para criar um ambiente sincero. Se você ainda não encontrou o amor verdadeiro, não se desespere. Existe alguém pronto para compartilhar o amor verdadeiro, mesmo que não seja a pessoa que você inicialmente estava esperando. Oportunidades existem para ser aproveitadas.

## 12

MESMO ALGUNS DOS melhores relacionamentos podem não durar para sempre. Ninguém passa pela vida sem perder um amor. Aprecie quem a ama e cuida de você. Só será possível saber o quanto essa pessoa é importante para você até o dia em que ela não mais estiver ao seu lado.

# Nem tudo é sexo,

# mas sexo é tudo

> **Nem tudo é sexo, mas sexo é tudo**

## Pingo no i

**Vivemos um falso puritanismo.** Não fomos educados para sentir prazer, mas para ter vergonha. Prazer é pecado ou faz mal. Aliás, prazer está associado à luxúria, à volúpia, ao sexo promíscuo. Fomos ensinados que prazer e felicidade não caminham juntos.

Para mim, porém, ser feliz é poder fazer tudo o que me dá prazer. Imoral é o que me faz sofrer. Não tenho vergonha em dizer que vivo apaixonada e amo a vida. Não limito o meu prazer!

E, por falar em prazer, aviso que o que segue é proibido para maiores conservadores.

Estar em um relacionamento amoroso é maravilhoso, não é mesmo? Conheço gente que se apaixona e vive um grande amor até mesmo a distância. No entanto, há uma pergunta que não quer calar: pode haver amor duradouro sem sexo? A maioria responderá que sim, mas essa não é, obviamente, a minha opinião. Antes que você pense que estou comparando pessoas a objetos, deixe-me explicar.

Sexo é para adultos. Por isso, quando falo de sexo em um relacionamento, deixo de fora os imaturos. Refiro-me àqueles que são maduros o suficiente para saber o que significa um compromisso. Então, vamos lá: por que é impossível que um amor dure sem sexo?

Atração sexual é sinônimo de início de relacionamento. Amor à primeira vista é, basicamente, uma atração sexual à qual se dá o *status* de amor. E, para que ele seja validado, ela tem de ser satisfeita.

A relação sexual é o único ato entre casais que tem o poder de validar o amor sem ser documental. É um processo contínuo. Em outras palavras, o desejo não pode murchar. Se estancar, já era; vira amigo – sem direito a bônus.

A boa notícia é que nenhuma engenharia social pode acabar com o desejo sexual, porém ele tem de ser alimentado entre o casal. Aposto que você já ouviu falar de histórias verídicas de casais que "abriram a relação" porque o sexo era raro entre eles. E ainda tem quem ache que essa não é uma boa razão para terminar um relacionamento! É, sim!

Erroneamente, escutamos por aí que a iniciativa de convidar para a cama, de chamar para fazer amor, tem de vir do homem porque ele possui o DNA de conquistador, caçador, e fica constrangido se o convite não partir dele. Sinceramente, não conheço homens que se sintam constrangidos com isso; o que mais recebo são reclamações. A maioria acha que falta mulher com atitude nesse aspecto, e isso até conta ponto a favor dela. Assim, quando duas pessoas decidem ficar juntas, para que tudo dê certo em quatro paredes, é importante que ambas tomem a iniciativa, e não somente uma faça isso o tempo todo. Mulheres, surpreendam seu parceiro de vez em sempre! E seus casamentos serão eternos!

Dra. Marlene Wasserman, sexóloga e autora de três best-sellers sobre sexualidade e traição na rede social, em seu livro *Infidelidade cibernética – A nova sedução* (Human & Rousseau, 2015), diz que "um relacionamento sem intimidade é superficial e as pessoas acabam buscando essa intimidade em outros lugares". Podemos concluir, sem medo de errar, que o sexo é uma das atividades necessárias para promover uma forte ligação amorosa entre casais. Conexão pura.

Então, comece a ter relações sexuais regularmente e seja aventureira na cama. Nada mata mais o amor do que sexo na mesma posição e com o mesmo enredo. A única maneira de melhorar o sexo é aprender a fazê-lo. Sexo é a arte da vida! Faça muita arte e seu amor será eterno.

## Relacionamento sem sexo

Escuto histórias e também piadas e queixas de casais de todas as idades que já não fazem mais sexo. Na verdade, infelizmente, isso é normal para muita gente. De acordo com meu professor Benjamin Karney, psicólogo premiado e diretor do Instituto de Relacionamentos da Universidade da Califórnia, mais de 20 milhões de casais norte-americanos tornam-se assexuados (têm sexo menos de dez vezes por ano). Pelo que tenho visto no Brasil, a realidade não é diferente.

O que está acontecendo? Como corrigir isso?

Na verdade, não existe uma única explicação para o problema. Transtornos de ansiedade, depressão, histórico de abuso sexual, disfunção erétil ou filhos são algumas causas para a falta de interesse pelo sexo. Entretanto, circunstâncias do dia a dia, próprias da vida e do relacionamento – como a fadiga causada pela correria e o desgaste da relação –, também podem contribuir para frear a frequência sexual.

Por algum motivo, mais do que as outras gerações, as pessoas sentem que estão trabalhando cada vez mais e ganhando cada vez menos. O estresse e a supercarga de trabalho, convenhamos, não são exatamente afrodisíacos. Muitos casais se esforçam mais para encontrar um tempo para relaxar e desfrutar a companhia um do outro do que para ter uma noite cheia de fogos ardentes. Quando permitimos que o ritmo frenético da vida e a ansiedade entrem pela porta da frente, a libido sai pela porta dos fundos. Nem remédio faz mais efeito.

Expectativas, decepções, ressentimentos... Quando há problemas no relacionamento, o sexo sempre padece. É muito difícil sentir-se fisicamente atraído por alguém com quem se está em guerra constantemente. Em vez de aperfeiçoar habilidades de comunicação e resolução de conflitos, muitos casais permitem que a hostilidade e a insatisfação apodreçam a relação. Eles constroem muros e se isolam cada vez mais. Não é exatamente a fórmula da paixão, não é mesmo? Tudo o que há é um extremo tédio na cama.

Quando o casal já está junto há tempos, o barranco sexual é previsível. Você faz assim, ele faz assado. Ele toca aqui, você toca lá. Dez minutos cravados e acabou. Nada muito elaborado... Em vez de somar forças para apimentar a relação, a apatia deleita-se no tradicionalismo do pragmatismo sexual.

Você pensa: *Estou a fim de transar, mas prefiro assistir a um programa de TV...* Assim, enquanto a receita da TV sobe, sua vida sexual despenca. Pergunto: pode uma relação sem sexo sobreviver se ambos ainda estão cheios de vida?

Pode ser que sim, mas por um tempo. Enquanto isso, você ou seu parceiro nutre um sentimento de rejeição, de desprezo, aquela dor de ser mal-amado, e isso fatalmente contribui para destruir a relação. Você começa a sentir-se inquieta e as fantasias chegam a tal ponto que acabam levando-a a buscar alguém fora, apenas para atender a suas necessidades físicas e emocionais. A falta de paixão não é somente uma das causas da infidelidade, mas motivo de diversas rupturas e divórcios.

Se a natureza de seu relacionamento platônico é devida a questões profundas – como um trauma sexual –, você terá de trabalhar muito para superá-las. E terapia de casal é mais do que obrigação. Isso também é verdadeiro quando a comunicação entre os dois é falha e há um acúmulo de ressentimentos. No entanto, se ambos trabalharem ativamente para resolver os problemas, nada é insuperável.

## Conclusão

Assim, se você sentir que a temperatura do seu relacionamento está igual a uma cerveja zero grau, quando deveria estar escaldante, pense no que pode fazer para incendiá-lo novamente. Sua vida sexual não está predestinada a morrer – ou sequer amornar – com o tempo, e essa é uma ótima notícia! Sim, você pode ter o sexo como antigamente, não importa a sua idade ou há quanto tempo você e seu parceiro estão juntos. Quanto mais cedo vocês resolverem o problema, maiores serão as chances de permanecerem juntos e felizes. Comecem a trabalhar o relacionamento nesse sentido. Então, vamos ao trabalho oral!

Não, não estou me referindo a esse tipo de oral. Estou falando de comunicação verbal com seu parceiro. Pode ser difícil falar sobre sexo, mas, se você é maduro o suficiente para praticá-lo, tem maturidade suficiente para falar dele. Explique – sem soar como ameaça e sem fazer juízo de valor – que tudo o que deseja é reaquecer o relacionamento.

Crie momentos de intimidade. Priorize sua vida sexual. Saia à noite, prepare um jantar especial, passe um fim de semana romântico em algum lugar: essas são iniciativas suficientes para colocá-los de volta sobre os trilhos. Programem-se para ir ao motel pelo menos uma vez por mês, assistam a filmes sugestivos, deem asas à imaginação.

Alguns casais precisarão de ajustes, como desligar a televisão ou ir para a cama mais cedo. Quaisquer que sejam essas correções de rota, elas sempre os levarão de volta ao início da relação, quando o sexo era mais espontâneo e divertido. Tente recriar situações e plantar emoções agora. Esteja aberto à experimentação.

Uma vez que você se sinta capaz de discutir sobre o sexo com mais liberdade, será muito mais fácil falar de suas fantasias e desejos. Com isso, a bola de neve começará a se formar. Não é só bom experimentar coisas novas; é imprescindível! Quanto mais apaixonadamente vocês fizerem amor, mais desejarão fazê-lo.

O sexo vivo não é algo que aconteça por conta própria. Exige que ambos o priorizem e o tenham como meta. Portanto, se a sua relação está amornando, é hora de colocá-la para ferver novamente. Há grandes recompensas em ter uma vida amorosa satisfatória e completa.

# PALAVRA DE ESPECIALISTA

Não há poder de ligação maior entre duas pessoas do que o do sexo. Desde os primórdios da história da humanidade, poetas, pintores, escultores e músicos teceram lindos relatos de relacionamentos amorosos envolvendo sexo. Mais recentemente, a Ciência provou que ele torna o corpo humano mais saudável e está na lista das melhores atividades físicas que se pode ter. Estudos também comprovaram que a atividade sexual regular é capaz de retardar o processo de envelhecimento do homem. Dr. Nabil Ghorayeb, cardiologista, em entrevista para o Portal R7, afirma que "quanto mais tempo na cama maior é o gasto energético. [...] uma pessoa de 80 kg que faz sexo durante uma hora pode perder até 600 calorias, o que representa caminhar de forma acelerada (6 a 7 km por minuto) durante o mesmo período". É possível ler a entrevista na íntegra acessando <http://noticias.r7.com/saude/noticias/sexo-pode-ser-considerado-atividade-fisica-diz-especialista-20120810.html>.

O contato sexual libera hormônios que nos deixam felizes e bem-humorados. Por isso uma energia emana do corpo no dia seguinte, a pele fica bonita e o risco de depressão cai para a casa dos 60%. Mas atenção: os desdobramentos físicos e psicológicos do sexo são mais claros nas pessoas que o praticam regularmente.

Isso comprova a minha tese de que uma relação de compromisso em que o sexo é frequente só pode ser saudável.

Tanto os homens como as mulheres precisam de sexo. Esse é um fato científico indiscutível. Sexo ainda é necessário para a procriação, para consumar um relacionamento, para acabar com o estresse, pelo simples prazer de praticá-lo ou pelo motivo que você quiser dar. Desde que seja consentido, seguro e não fira ninguém, sexo é bom e pronto.

O sexo provoca emoções em níveis além do que é possível imaginar. Mulheres tendem a sentir uma forte ligação pela pessoa com quem mantêm relações sexuais, mas são facilmente ofuscadas pelo desejo passageiro. Não pensem que isso era regra e muito menos privilégio apenas masculino. Por mais que a mulher associe a atração sexual ao amor, para atender a uma necessidade instintiva de não ser vista como promíscua, ela também tem suas fantasias. Em pleno século XXI, o falso puritanismo ainda impera, embora o movimento feminista tenha ajudado a desconstruir esse tabu. Os homens, por outro lado, não têm esse problema.

# Transo ou não transo de primeira?

## Pingo no i

**Você não deveria fazer sexo** só por fazer, abandonando o romantismo e banalizando momentos tão íntimos que seriam eternizados na memória. Tenha certeza de que o sexo também complica as coisas, distorce a realidade e leva as pessoas a cometer um erro simplório, isto é, supor que estão progredindo no relacionamento só porque tiveram uma boa noite de amor e ouviram algumas palavras de afeto. Acredite, o sexo é como o álcool: na hora H, fala-se coisas de que até os deuses duvidam.

Dependendo da situação, se o seu objetivo é consolidar uma relação, você não deve apoiar-se na intimidade sexual para alcançar essa meta. Quer ver?

Você sonha em ter um relacionamento de longo prazo, mas, só pela conversa do seu parceiro, percebe que para ele o que interessa é aproveitar mais uma noite. Nesse caso, você não deve transar com ele, pelo menos não nesse momento.

## Por quê?

**Ir para a cama** não mudará a situação e só fará você sofrer um pouco quando perceber que foi mais uma.

Antes, procure saber onde você se encaixa (ou não) na vida dele. Não é proibido fazer amor quando se tem vontade, mas é proibido alimentar esperanças diante de um primeiro encontro que terminou entre quatro paredes. Se já foi, agora está feito, mas não crie fantasias. Você não é Cinderela.

Outro perfil é o do homem que deixa a dúvida no ar. Será que ele vai atender ao telefone amanhã, quando você ligar? Será que ele responderá às mensagens? Uma dica é prestar atenção aos olhos dele. Eles o acompanham quando vocês dois estão juntos, ou são arrastados na direção de outras mulheres? Ele demonstra respeito pelo que você diz e faz? Você se sente feliz e autêntica ao lado dele? Ou paira uma dúvida no ar?

Se a resposta foi "não" a qualquer uma dessas perguntas ou se a atitude dele despertou algum tipo de questionamento, adie a noite de prazer até descobrir suas verdadeiras intenções. Mais uma vez, o sexo não vai sustentar algo que é mais leve que o ar. Se você não se encaixa no projeto de vida dele, não será o fato de vocês terem relações sexuais que mudará isso.

Outra situação: o seu romance com esse rapaz é comparável a uma operação secreta da CIA. Ninguém pode saber que vocês estão saindo. Nesse caso, quer um conselho? Durma de calça jeans e com cadeado. Se ele não reconhece sequer que você existe, não a assume, por que você iria para a cama com ele? Se você é boa o suficiente para transar, deve ser igualmente boa para que ele reconheça a sua existência, não é mesmo?

O sexo entre vocês só complicará as coisas. Se ele estiver realmente interessado em você e com vontade de levá-la a sério, arrumará um jeito de acabar com o compromisso que tinha antes mesmo de levá-la para a cama. Ele não precisa transar com você para saber se deve assumir um relacionamento ou não. As pessoas não nascem boas de cama, elas aprendem a ser boas de cama.

Além disso, você não é um produto de varejo para que seja tirada uma provinha. O que mais tem é gente provando e jogando fora. Quando aparece algo diferente, abandona a provinha – que, aliás, já está com a data de validade vencida de tanto ser provada – e fica com a novidade do mercado. Nada disso! É hora de acordar, menina!

Agora, terceiro cenário: você tem sentimentos positivos em relação a esse homem e quer seguir em frente? Então, não há problema em transar, desde que o faça com segurança – entenda-se: preservativo e anticoncepcional.

# Conclusão

Sabemos que as coisas não são estanques: não se entrega de primeira pode dar certo, ou não – depende das pessoas, das circunstâncias, dos astros. No entanto, relativizar a importância e, sobretudo, o poder do sexo pode fazer toda a diferença do mundo para evitar dores de cabeça no futuro.

# E aí, vamos transar?

## Pingo no I

**Quanto tempo esperar antes de** começar a ter relações sexuais quando se inicia um novo relacionamento afetivo?

Pergunta difícil de responder. Quando nos envolvemos com uma nova pessoa, normalmente a atração física desempenha um papel importante – e, se não for o caso, a meu ver deveria ser. Naturalmente, quando um relacionamento acontece, pensamos em sexo. Junto, porém, vêm algumas questões práticas:

> 1 - Quando ir para a cama?
> 2 - Será que é melhor esperar?
> 3 - Por quanto tempo esperar?
> 4 - Se ela quiser esperar, estarei eu disposto a fazer isso também?

E assim o problema vira uma bola de neve. Até que ponto essa preocupação pode perturbar? Até quando vale a pena aguentar e não ceder ao fogo que arde e transcende todo e qualquer entendimento?

## Conclusão

À medida que amadurecemos e envelhecemos, o tempo de espera para concretizar a hora H é significativamente menor, penso eu. E isso vale para a maioria das pessoas. Por quê? Porque estamos mais propensos a desfrutar os benefícios do sexo e a atender a nossas necessidades fisiológicas do que emanados em um ideal realista prospectivo.

Além do mais, com a idade e a experiência de relacionamentos e casamentos passados, somos mais honestos com nós mesmos e temos melhor compreensão do que realmente queremos, quando, onde e como. Quanto mais maduros, menos nos preocupamos com o que os outros pensam. Começamos a entender que julgamento sempre existirá, não importa o que façamos. Assim, passamos a viver de acordo com os nossos próprios padrões, já que mudar nossas prioridades a fim de agradar aos outros nos torna infelizes.

O tempo para a entrega depende do tipo de pessoa com quem estamos envolvidos e, de certa forma, com as experiências do passado, se isso já foi feito e qual foi o resultado. Geralmente, porém, a maioria das mulheres acima dos 40 anos quer ganhar o respeito do parceiro antes de ir para a cama com ele.

Elas não querem ser consideradas levianas. Preferem manter a imagem de boa menina – uma insanidade, caso seja esse o motivo da renúncia. Sob esse enfoque, o tempo de espera, anacrônico, é bem maior.

A meu ver, depois dos 30, pensamentos assim são surreais. Havendo química na relação, estamos mais inclinadas a ignorar o tempo de espera definido por alguém, que certamente não foi você.

Por outro lado, não podemos esquecer que as pressões sociais e religiosas também têm importância. Algumas pessoas não estão simplesmente prontas para ter relações sexuais ou sentem-se mais à vontade esperando para conhecer o parceiro antes de se jogar em seus braços, pernas, tronco etc. Seja qual for o motivo, a comunicação é definitivamente necessária para que o casal tenha entenda melhor as necessidades existentes e não acabe transformando o sexo, que é uma solução, em um grande problema.

Assim, conhecer crenças e sentimentos do parceiro em relação ao sexo representa um passo fundamental para a evolução e o sucesso do relacionamento.

# Como identificar um mulherengo?

## Pingo no i

Ele é atraente, engraçado, charmoso, tem uma carreira de sucesso e um sorriso maravilhoso para coroar suas inúmeras qualidades. No entanto, você tem um pressentimento ruim em relação a algumas atitudes dele. Atenção: você pode não estar muito longe da verdade.

Mesmo se essa pessoa a trata como rainha, enche-a de elogios e desperta sentimentos inebriantes, você sente que, tão logo ele consiga o que quer, sumirá do mapa?

Nada de novo no horizonte. Senhoras e senhoritas, com vocês, o mulherengo!

# PALAVRA DE ESPECIALISTA

**Milan Kundera**, em sua obra *A insustentável leveza do ser* (*The Unbearable Lightness of being*, 1987, Harper Perennial), descreveu dois tipos de mulherengo:

a) aqueles que estão à procura da mulher perfeita e nunca irão encontrá-la;

b) aqueles que estão convencidos de que cada mulher que encontram é a própria perfeição em pessoa.

Nesse último caso, eles vão se aperfeiçoando pela vida afora enquanto você, que se entregou de corpo e alma, sofre a duras penas.

Gosto dessa análise e acredito que ela se aplica não só aos mulherengos, mas a todas as pessoas que se encontram em relacionamentos disfuncionais. Elas querem fazer o parceiro ser perfeito e tentam mudá-lo para alcançar esse objetivo.

Engano! Ninguém pode obrigar ninguém a mudar. Portanto, é melhor namorar alguém que tenha falhas com as quais dá para conviver. No caso dos mulherengos, se você gosta do tipo, sirva-se. Caso contrário, fuja!

Existe uma ínfima chance de você ser a mulher maravilha que vai conseguir mudar o comportamento dele, e, no seu lugar, eu não apostaria nisso. Além disso, ainda que você seja capaz dessa proeza, vai passar o resto da vida preocupada, com medo de ele ter uma recaída. Será que vale a pena?

# Conclusão

**Mulherengos existem** em série: estão com você um dia e, no seguinte, encontram-se prontos para seduzir outra perfeição. Como reconhecê-los? Conheça alguns comportamentos-padrão:

**1.** NORMALMENTE, O MULHERENGO apressa as coisas. Antes mesmo de você postar uma foto de vocês dois juntos na rede social, ele já terá espalhado para a cidade inteira que você é a mulher da vida dele, a pessoa que ele esperava há anos.
Isso é certamente um excitante *energy drink* emocional. Mas como ele descobriu tudo isso em tão pouco tempo? Pés no chão, menina. As chances de ser amor à primeira vista são muito pequenas; ele só está exercendo seu poder de sedução.

**2.** MULHERENGOS SABEM TUDO sobre romances. Toda mulher ama e se derrete com manifestações românticas, seja um poema rabiscado em um guardanapo ou um buquê de flores entregue em casa. Se o rapaz em questão a surpreende constantemente com presentes, então é provável que ele tenha muita prática. Enquanto você pensa que está graciosamente se dando bem, ele continua comprando você. Claro, não podemos generalizar. Há homens que têm facilidade de nos encantar e o fazem com prazer, sem segundas intenções. O problema é o conjunto de fatores, não uma situação isolada.

**3** Mulherengos só têm olhos para a sua presa, mas... não só. Se você perceber que ele está comendo com os olhos outras mulheres, ou, pior, flertando com a garçonete, a vendedora, a amiguinha, as clientes, então ele pertence a essa matilha. Educação é uma coisa, cantadas são bem diferentes.

Como pode alguém dizer que você é linda e a companheira ideal, mas de repente estar com olhos fixados, descaradamente, em outra mulher que acabou de passar? Você sabe perfeitamente quando é coisa mecânica, própria do sexo masculino, e quando é mais grave. E sabe o pior? Ele não está mentindo: o mulherengo sente-se assim mesmo em relação a cada mulher que estimula as suas fantasias, ou seja, você é apenas mais uma entre tantas. O problema é você acreditar que é a única!

**4** Ele parece bom demais para ser verdade. É lindo, charmoso, perfeito, mas a sua intuição lhe diz que ele já fez isso muitas vezes antes. Só que você está provavelmente tentando ignorar aquela vozinha irritante que a persegue.

Pare e pense: seus instintos estão mais sintonizados com a situação do que você pensa. Amanhã, ele provavelmente lhe dirá que o dia está agitado e tenso e que não poderá passar um tempinho com você. Sinal de que uma nova presa cruzou a esquina.

# Sexo: quantas vezes por semana é normal ou ideal?

**Mensagem recebida** via inbox na página Papo Reto:

> Meu marido e eu costumávamos ter uma relação muito apaixonada, mas agora nossa vida sexual esfriou. Íamos para a cama de três a cinco vezes por semana e hoje mal chegamos a isso por mês. Temos 30 anos, estamos juntos há quase cinco e não temos filhos. Sempre ouvi dizer que a maternidade mata o apetite sexual, mas, neste caso, parece que a emoção simplesmente desapareceu. A minha reclamação tem fundamento?

**Esta é a pergunta** que mais mobiliza os casais: qual é o número mágico que faz o ritmo sexual ser considerado satisfatório?

Uma pesquisa feita pela escritora e jornalista Taryn Hillin, para o Huffington Post Weddings and Divorce, intitulada "Com que frequência pessoas casadas fazem sexo" (This Is How Often Married People Are Having Sex, de 5 de fevereiro de 2015), indica que a média semanal de sexo depende do tempo que estão juntos. Casais unidos entre 0 e 7 anos fazem amor de 2 a 3 vezes por semana; entre 7 a 15 anos de convivência, de 1 a 2 vezes por semana; já casais que estão juntos há 15 anos ou mais fazem amor 1 ou 2 vezes a cada 15 dias. Estatísticas à parte, penso ser natural que o sexo tenha altos e baixos. Creio também que, além dos filhos, o que mais mata a libido é o estresse, a fadiga, a ansiedade, as doenças e a falta de cumplicidade.

Mesmo na ausência de qualquer um desses fatores, ainda assim é natural a libido aumentar ou diminuir e, mais comum ainda, a paixão arrefecer.

Quando um casal faz sexo pela primeira vez, recebe uma descarga de substâncias bioquímicas destinadas a atrair o companheiro. Um desses neurotransmissores, segundo a Dra. Petra Boynton, cientista da British Psychological Society, e a Dra. Helen Fisher, ph.D. em Antropologia e cientista do Kinsey Institute, é o "hormônio da paixão" (ou PEA, a feniletilamina), em parte responsável pela excitação sentida por duas pessoas apaixonadas quando se olham ou se tocam. Que sensação gostosa!

Dizem que essa fase, impulsionada pela PEA, só dura aproximadamente dezoito meses. No entanto, isso não significa que você está fadada a ter uma vida sexual insossa depois disso. Só quer dizer que apimentar o dia a dia vai dar um pouco mais de trabalho.

# PALAVRA DE ESPECIALISTA

Segundo o site Anatomia e Fisiologia Humanas: AFH (www.afh.bio.br/especial/paixao.asp), dedicado a esses dois ramos da Medicina, a feniletilamina, também conhecida como "hormônio da paixão", é um neurotransmissor cuja molécula se parece muito com a anfetamina, e cuja produção no cérebro, suspeita-se, pode ser desencadeada por eventos simples como uma troca de olhares ou um aperto de mãos. A relação da feniletilamina com o amor teve início com uma teoria proposta pelos médicos Donald F. Klein e Michael Lebowitz, do Instituto Psiquiátrico Estadual de Nova York, os quais sugeriram que o cérebro de uma pessoa apaixonada contém grandes quantidades de feniletilamina e que essa substância poderia responder, em grande parte, pelas sensações e modificações fisiológicas que são experimentadas quando se está apaixonado.

Dr. Enzo Emanuele, da Universidade de Pavia, e Dra. Petra Boynton, dentre outros pesquisadores, afirmam que exalamos continuamente, pelos bilhões de poros na pele e até mesmo pelo hálito, produtos químicos voláteis chamados feromônios. Atualmente, existem evidências intrigantes e controvertidas de que os seres humanos podem se comunicar com sinais bioquímicos inconscientes. Os que defendem a existência dos feromônios baseiam-se em evidências, mostrando a presença e a utilização destes por espécies tão diversas como borboletas, formigas, lobos, elefantes e pequenos símios. Os feromônios podem sinalizar, entre outros, interesses sexuais ou situações de perigo.

O zoologista Tristram Wyatt, da Universidade de Oxford, o geneticista olfativo Darren Logan, do Wellcome Trust Sanger Institute, Richard Doty, da Universidade da Pensilvânia, e Mats Olsson, do Instituto Karolinska, são alguns dos defensores da Teoria dos Feromônios. Segundo eles, o amor à primeira vista é a maior prova da existência dessas substâncias controvertidas. Atestam eles que os feromônios produzem reações químicas que resultam em sensações prazerosas. À medida que nos tornamos dependentes, a cada ausência mais prolongada nos dizemos "apaixonados" – a ansiedade da paixão, então, seria o sintoma mais pertinente da Síndrome de Abstinência de Feromônios. Se você quiser se aprofundar no assunto, sugiro a leitura (em inglês) de *Pheromones and animal behaviour – Communication by smell and taste*, de Tristram Wyatt (Cambridge, 1. ed., 2003).

Com ou sem feromônios, é fato que a sensação de amor à primeira vista relaciona-se significativamente a grandes quantidades de feniletilamina, dopamina e norepinefrina no organismo.

1. VERIFIQUE SE O SEU momento íntimo é uma prioridade, e não apenas uma atividade que ocupa o fim da lista. Intimidade é essencial para um relacionamento bem-sucedido.

2. SEXO FUNCIONAL, para a procriação, é a expressão zero de nossa sexualidade. Ainda bem que a grande maioria dos casais prefere o sexo para a recreação. O sexo é o seu *playground* adulto – para se divertir a dois.

3. SEXO E INTIMIDADE giram em torno do prazer, não necessariamente do orgasmo. Portanto, concentre-se em dar e receber prazer, tanto quanto na meta de conseguir chegar ao orgasmo.

4. LEMBRE-SE: ESTAMOS mais no clima quando nos sentimos bem. Nesse momento, a energia brota. Para alguns, o sexo pode tomar tempo e exigir concentração e algum esforço. Prepare-se para o prazer; reserve um tempo para você. Sem estresse, faça exercícios e seja sensual. Velas, fundo musical, penumbra, massagens, uma comidinha saborosa, tudo isso induz à prática sexual.

5. POR FIM, NUNCA É demais lembrar: sexo é conexão pura. Esteja bem certa de que a ligação com seu parceiro seja um mutualismo. Ambos estão sendo beneficiados? Proporcione e receba prazer.

# Ele prefere se masturbar

**Mensagem recebida** via inbox na página Papo Reto:

> É normal que os homens prefiram masturbação a fazer sexo com a parceira? Estamos juntos há dois anos e nosso relacionamento sexual era saudável no começo, mas ultimamente ele tem preferido ficar sozinho até bem depois de eu dormir. Eu ainda o desejo e já lhe falei a respeito da insatisfação que estou sentindo, mas aparentemente.

**Desde sempre,** a masturbação é um tema tabu em nossa sociedade. Apesar de ser normal e saudável, para muitos ela ainda é vista como um ato libidinoso. A meu ver, é extremamente complicado ditar restrições para a normalidade. Contudo, a masturbação pode chegar a níveis compulsivos.

Morningside Recovery é um centro de recuperação com sede em Newport Beach (Califórnia, EUA), com mais três unidades pelo país. Nele é oferecido tratamento para homens e mulheres dependentes químicos ou que sofram de distúrbios da saúde mental.

Uma pesquisa, realizada pela psiquiatra Dra. Elizabeth Waterman com mais de 1.100 homens e mulheres com idade entre 21 e 35 anos e esse tipo de problema, revelou que:

a) 79,6% dos homens e mulheres participantes se masturbam entre 0 a 2 vezes por dia; 15,2% deles, de 3 a 5 vezes por dia; 3,8%, de 6 a 10 vezes; e apenas 1,4% se masturba mais do que 10 vezes por dia;

b) 45,4% concordaram que a masturbação pode causar problemas em seus relacionamentos;

c) 57,8% não se envergonham do hábito;

d) 20,4% das pessoas pesquisadas se masturbam, pelo menos, 3 ou mais vezes por dia.

Essa descoberta não significa que o ato de se masturbar seja um problema, mas pode se tornar um se começar a interferir no relacionamento. Contudo, especificamente para as mulheres, é importante conhecer seu corpo a fim de ter satisfação plena quando estiver com seu amado. Na vida tudo deve ser feito com parcimônia; o excesso sempre gera problemas ou é resultado deles. Se o interesse pela masturbação "solo" é maior do que pelo sexo a dois, melhor conversar e buscar um grupo de apoio ou um terapeuta.

## Conclusão

Sentir-se confusa, rejeitada, ferida é natural numa situação como essa. Então, como mudar o padrão da sua intimidade, se você não consegue transmitir ao parceiro seus sentimentos?

1. Em vez de focar no problema, que nos faz abraçar a solidão, tente explorar com o seu parceiro o que está provocando tamanha insatisfação sexual.

2. Seja clara ao conversar com ele para a mensagem ser entendida. Toda mudança de comportamento no relacionamento requer trabalho em parceria.

3. Pergunte se ele também sente a distância e a desconexão entre vocês, e se gostaria de ajudá-la a reacender a intimidade. Assim, será muito mais fácil alcançar um bom resultado.

4. Se ele se mostrar inflexível, então você já sabe que precisa da ajuda de um especialista para descobrir o que está errado e como corrigir a situação. Esse caminho pode ser um pouco tortuoso e exigir muita honestidade na comunicação entre o casal.

# Desejos do sexo masculino

## Pingo no i

**Será que algum ser humano** pensa que entre homens e mulheres não há desejos ocultos? Por mais que haja sinergia entre o casal, algo sempre fica guardado a sete chaves. Assim como a maioria das mulheres tem alguns pequenos segredos que tenta encobrir, existem homens que mantêm seus desejos muito bem escondidos.

Os homens tendem a não dizer o que lhes passa pela cabeça por medo do conflito. Então, preferem calar em nome da paz. Como eles não são talentosos em matéria de expressão, tendem a não colocar em discussão algumas questões pessoais mais sensíveis. Isso, porém, não significa que elas não existam.

Homens e mulheres são realmente muito diferentes. Esse é o maior segredo de todos, embora seja de conhecimento geral que não há nenhuma fórmula à prova de falhas para compreender os homens. Se você quer entender um homem sexualmente, é necessário transar com ele muitas e muitas vezes. Felizmente, esse é o único caminho.

A verdade é que os homens nem sempre estão interessados em sexo, pois também são afetados pela mudança de humor. Estar mais interessados ou menos depende de como eles se sentem sobre si mesmos.

## Conclusão

**1**

UM DOS DESEJOS MAIS comuns do mundo masculino diz respeito a fantasias sexuais. Todos nós, homens e mulheres, alimentamos fantasias e temos a imaginação fértil em se tratando de sexo. Uma das fantasias masculinas mais comuns é ver suas mulheres fazendo algo não habitual. O que, por exemplo, pode ser melhor do que uma mulher? Resposta: duas. Pelo menos, é o que relatam os homens heterossexuais em minhas pesquisas e aulas de graduação. O termo francês *ménage à trois* faz parte da lista de desejos sexuais da maioria dos homens, assim como sexo anal e oral, assistir à sua mulher com outra mulher ou outro homem, transar em público (cuidado, pois dá cadeia), entre outros. Talvez a razão para não falarem abertamente sobre suas fantasias seja o temor de despertar medo na amada ou de acabar sendo mal interpretados.

A MELHOR COISA a fazer é sentar, conversar e descobrir detalhes sobre essas fantasias. E, certamente, isso pode ser bem divertido! Aliás, é melhor que ele as faça com você do que com outra. Concorda? Contanto que as limitações de cada um sejam respeitadas, vale tudo.

HOMENS GOSTAM das coisas simples. Nada de verborragia, nada de análise muito profunda. Para eles, isso é tempo e energia perdidos. Então, basta ir direto ao ponto, sem rodeios.

2 OUTRA COISA: homens não se importam com pequenos detalhes. Entenda que, ao escutarem uma história, eles desejam que você pule todos os fatos irrelevantes e vá direto ao assunto, ao que importa. Eu sei que isso pode parecer rude, mas, infelizmente, é verdade. A maioria só quer que a companheira fique calada de vez em quando. Por quê? Segundo especialistas, o cérebro masculino funciona de maneira mais linear. Comparando-o a um computador, diria que a comunicação no trabalho, o dia todo, esgota seu HD. Por isso, é melhor não sufocá-lo.

3 OUTRA COISA QUE a maioria dos homens odeia, mas tem medo de dizer para não a chatear: eles não gostam de fazer todo o trabalho pesado sozinhos. Em algumas tarefas, às vezes, sentem-se usados. Por que não lhes dar uma mãozinha? Afinal de contas, não é tão difícil. Agora, se ele não a ajuda em nada, pule essa parte!

Em sentido oposto, homens também gostam de assumir tarefas por meio das quais mostram o quanto são viris. Durante séculos, foram ensinados que a masculinidade se mede pela força. Por isso, se ele quiser trocar o pneu furado do seu carro, aceite. E não lhe diga que você é capaz de fazer isso sozinha.

Homens são muito inseguros e querem saber a opinião da companheira a seu respeito. Precisam se certificar de como a mulher deles os vê e o que realmente pensa. Por isso, de vez em quando, lembre-o do quanto ele é importante para sua vida.

4 Se você gasta tempo falando sobre determinada pessoa ou mantém contato com o seu ex, não espere que o seu namorado fique feliz com isso. Ele pode fingir que não se incomoda, mas o amor provoca ciúmes. É claro que não vai deixá-la perceber o que sente, porque não quer parecer inseguro, mas ele morre de medo de perdê-la. Cuide para que isso não interfira no relacionamento de vocês.

5 Todo mundo experimenta emoções. Essa bobagem de que homem não chora é mais um desses jargões *trash* do passado. O seu homem quer e precisa sentir-se livre ao seu lado para expressar os sentimentos sem ser cobrado ou julgado por isso.

6 Uma ereção não significa necessariamente desejo, e esse desejo pode estar presente sem uma ereção. Excitação física e desejo sexual não são a mesma coisa.

7 Homens desejam mulheres bem-vestidas, de unhas feitas e cabelo tratado, talentosas e inteligentes. É ótimo quando seus padrões são elevados. Não se perca no desleixo.

8 Homens querem colo. Embora adorem sexo, cultivam (e apreciam) momentos inocentes de intimidade, tais como passar a noite abraçado, de mãos dadas, vendo TV. Pequenos momentos importam. Valorize-os.

# Traição emocional: Culpada ou inocente?

## Pingo no i

**Qualquer mulher comprometida** pode topar, na rua ou no trabalho, com um homem interessante, inteligente e engraçado, e sofrer os efeitos de uma química arrebatadora sem nunca ter nada com ele. Vão para o trabalho juntos, sentam-se um perto um do outro nas reuniões e suas conversas se tornam cada vez mais íntimas. Quem sabe ela conte segredos que jamais pensou confidenciar ao próprio namorado ou marido. Compartilham alegrias, tristezas e talvez, por fim, reconhecem estar fantasiando um relacionamento.

Nada além disso, porém, acontecerá.

No entanto, ela, que é uma mulher comprometida, está corroída de angústia e dúvida. Seu marido não lhe dá a atenção devida e ela vive uma relação platônica, sem um envolvimento maior da outra parte. Estaria a mulher traindo o marido? Há algum mal em cultivar uma amizade tão sincera?

O problema é que o apego emocional a outra pessoa afeta o relacionamento. Em última análise, acaba dolorosamente com ele de uma forma ou outra. Então, ou você dá um sumiço nesse homem, ou seu casamento/namoro termina.

## Conclusão

Muitas vezes, pessoas se envolvem emocionalmente com terceiros porque está faltando algo em casa. Em função disso, sentem-se incompreendidas, indesejadas. É como sonhar com um brigadeiro: você vai para casa e tem uma dieta à sua espera; em contrapartida, vai para o trabalho e lá encontra tudo o que você deseja – brigadeiros!

Para as mulheres, um *affair* platônico pode ser pior do que descobrir uma infidelidade sexual. Todo mundo concorda que um ato sexual não precisa necessariamente estar associado ao amor; já uma relação emocional é muito mais perigosa.

Para não cair na armadilha de uma traição emocional, mantenha-se atenta às situações seguintes:

**1** Você anda gastando muita energia emocional com determinada pessoa? Compartilha esperanças e sonhos que não o faz com o seu parceiro? Até já se pegou se arrumando para ela?

2. Você dá um jeito de passarem mais tempos juntos, e esse tempo é muito importante para você?

3. Você se sentiria culpada se o seu parceiro os visse juntos?

4. Você faz e diz coisas que nunca faria ou diria na frente de seu companheiro?

5. Você compartilha sentimentos de insatisfação conjugal?

6. Você anda mantendo em segredo o tempo que gasta com essa pessoa, trocando *e-mails*, telefonemas e mensagens de texto? Você mostraria sem problemas essas mensagens para seu namorado ou marido?

7. Você se sente dependente do upgrade emocional que lhe dá esse relacionamento? Nada como essa injeção de ânimo e otimismo?

## Como sair dessa situação?

"Ah, esse tipo de relação é difícil de cortar. Ela me faz muito bem e não temos contato físico. Por que terminá-la se nada aconteceu e nem acontecerá?"

## Mentira: acontece tudo!

Para dar uma chance ao seu relacionamento, é preciso acabar com isso. Não há um meio-caminho. A linha que divide a amizade do amor é muito tênue. Se é alguém que você não pode evitar, tenha uma conversa direta. Diga-lhe que precisa parar a fim de salvar seu casamento ou seu namoro.

Próximo passo: descobrir o que a levou a tão intensa conexão com outra pessoa.

Uma das tarefas mais árduas e necessárias para que um casal sobreviva à infidelidade emocional é explorar suas raízes. Por que isso aconteceu? O que isso diz sobre cada um e sobre o casal? É melhor encarar o conflito do que viver esse tipo de situação dúbia. Em vez de jogar o jogo da culpa, é mais produtivo identificar os fatores que contribuíram para enredá-la. Um conselho: se quiser salvar seu relacionamento o quanto antes, aprenda a lidar com os problemas e a cortar o que conduz à traição.

# Sexo amigo

## Pingo no i

**Conversa vai, conversa vem,** e a pergunta surge:

– Vocês estão juntos?

– Não, não realmente. Saímos de vez em quando, mas é só.

Será que alguém consegue tocar um relacionamento nessas bases? Penso que algumas pessoas têm essa habilidade, mas... por quanto tempo? Essa é a pergunta. Concretamente, até quando um casal pode levar adiante uma relação baseada em sexo casual?

Fazendo uma simples projeção, depois de algumas semanas nessa situação de "ficar sem compromisso", é muito difícil que vire namoro.

Depois de trinta dias sustentando uma situação assim, na esperança de que algo mais surja entre vocês, as coisas começam a ficar muito confusas. Você, mulher, encontra-se numa relação afetiva e, da sua parte, cada vez mais envolvida, porém carregando o *status* de amiguinha.

Isso é ruim? Bem, depende do que se quer, objetivamente.

Muitas vezes, é a mulher que deseja namorar de verdade, enquanto para ele a situação é muito cômoda e por isso faz de tudo para escapar do compromisso. Ele possui o almoço, o lanche e a sobremesa.

O sexo feminino tem mesmo esta tendência: depois do segundo encontro, já acha que está vivendo uma relação e se torna muito dependente dela até mesmo para o sexo.

Minha teoria é que, numa situação como essa, a mulher se torna cada vez mais exigente, talvez até mesmo inconscientemente, como se tivesse um compromisso efetivo e convencional.

O homem então, pressionado, é obrigado a tomar uma decisão: ou assume o caso, ou cai fora o mais rápido possível.

A maioria das mulheres aceita e encara esse tipo de relacionamento, porque acredita que após três meses de sexo amigo é possível que ele mude de ideia e passe a amá-la. Ele, por sua vez, vai levando a situação – bem cômoda, por sinal –, enquanto continua vivendo como predador, na caça da mulher da sua vida.

# Conclusão

Para evitar esse impasse, sugiro aplicar a regra dos três encontros. Depois de desfrutar três vezes seguidas os benefícios do sexo amigo, pergunte a si mesma: "Eu quero mesmo esse homem?".

Se a resposta for positiva, seja proativa, assuma a situação e seja franca com seu "ficante".

Se for negativa, seja igualmente proativa e descarte o relacionamento antes de acabar sendo persuadida pelo tempo e pela inércia.

Uma relação de amizade apoiada numa troca sexual casual não pode durar para sempre. Se você não quer que ele se torne algo mais, seja inteligente e corte o mal pela raiz. Caso contrário, alguém sairá machucado, e pode ser você. Um dos dois acabará encontrando alguém com quem pretende realmente seguir adiante, e aquele que sobrar não vai gostar nada disso.

Para viver um caso desse tipo, é preciso ser bastante maduro e pensar friamente. Lembre-se: ninguém mais que você mesma dá sentido à sua vida. A vida é sua. Parece redundante, mas não é. Outros podem tentar persuadi-la, mas não podem decidir por você. Ame-se acima de tudo e valorize-se. Não aceite menos do que você merece. Não aceite migalhas em troca de um sentimento puro e verdadeiro. Por fim, verifique se o caminho que você escolheu trilhar está alinhado com a sua própria intuição e desejo, e não tenha medo de mudar de rota ou de seguir uma nova direção se achar que isso faz sentido.

# PALAVRA DE ESPECIALISTA

Os homens devem ter muito cuidado com suas amizades com benefícios. Esse tipo de relacionamento pode ser tão perigoso para eles quanto o é para as mulheres.

Onde está o perigo? Na fraqueza e no poder de sedução de ambos.

A sedução é a maneira mais sutil e eficaz de conseguir o que se deseja, explorando a necessidade de prazer do outro. Desde os primórdios da nossa história, as mulheres vêm seduzindo os homens. Acredito que essa técnica milenar decorre do fato de o sexo feminino ser considerado mais fraco e, de certa forma, estar sob controle do homem.

As mulheres não tinham outra escolha senão usar a sedução como fonte de energia e barganha. Começaram a entender que, se eram dependentes deles do ponto de vista da força, poderiam dar o troco por meio do prazer. Eva, Jezabel e Dalila, exemplos bíblicos milenares, mostram como o desejo sexual leva a todo tipo de atrocidade. Nos dias de hoje, quem nunca ouviu um homem confessar que não sabe como nem por que se deixou sucumbir à sedução de uma mulher supostamente "amiga".

Mulheres têm o poder latente de seduzir os homens por meio da amizade. Por isso, desconfiam dos parceiros quando eles passam muito tempo conversando com outras mulheres.

Na evocação da amizade pura, os homens são levados a acreditar que podem baixar a guarda, porque não existe nada além de amizade. No primeiro momento, confiam nisso piamente. Aos poucos, porém, a sedução monta sua armadilha, sutil e eficientemente. O final dessa história são corações partidos e relacionamentos e famílias destroçadas.

A arte de seduzir pode mesmo ser uma brincadeira perigosa. Meu conselho: estabeleça sempre limites nas relações entre seu homem e outras mulheres. A política da boa vizinhança não funciona nesses casos.

# Guia do orgasmo feminino

## Pingo no i

"**É comum o fato de a maioria** das mulheres nunca ter tido um orgasmo? Não que ele seja importante para mim, é mais por ele: não quero ferir o seu ego. Existe alguma maneira para chegar a ele?"

Menos de 30% das mulheres chegam ao orgasmo durante uma relação sexual, sendo que muitas acham difícil alcançá-lo. Em consequência, aproximadamente 45% das mulheres admitem fingir ter orgasmo enquanto fazem amor.

Por quê? Porque é importante se mostrar satisfeita, mesmo à custa de uma mentirinha, no início de uma relação, para que ela vá adiante.

Mas isso gera um círculo vicioso: ao enviar ao parceiro a mensagem de que ele está levando-a a atingir o clímax, não há por que ele mudar o comportamento, para ele está tudo certo.

## Conclusão

Nada justifica a falta de prazer numa relação a dois. Por isso, é importante tentar encontrar a causa que impede o orgasmo.

Talvez nenhum dos seus parceiros a estimulou do jeito que você precisa para chegar ao clímax. Aliás, você sabe que tipo de estimulação necessita para atingir o orgasmo? Saberia fazer isso sozinha? Pode ser também que o estímulo esteja lá, mas você não consegue relaxar. Muitas vezes, o medo é um grande vilão.

Pode ser que você tenha uma avaliação negativa do seu corpo, e isso leva você a sabotar o prazer: "Sou muito gordinha, cheia de estrias, peito caído, bunda chapada: como poderia ter prazer com um físico desses?".

Talvez você não tenha ideia de como seu corpo deve ser tocado para ajudá-lo a fazer com que você chegue lá. Você pode estar com medo da intimidade de permitir que alguém a leve ao prazer completo.

Se alguma dessas situações se aplicar, é importante que seja discutida honestamente com seu parceiro. Quanto mais ele entender o que a está impedindo de chegar ao "céu", mais vocês serão capazes de explorar o prazer juntos. No entanto, se você sentir que a questão tem mais a ver com uma falta de estimulação física, falar abertamente o que lhe agrada é importante.

Para a mulher, é importante sentir-se excitada mental e fisicamente e isso vai muito além dos seus órgãos genitais. Contudo é de extrema necessidade a exploração das zonas erógenas. Para ter um sexo alucinante, é necessário tempo, investimento, atenção e ação. Se você deseja muito ter orgasmos junto com o seu parceiro, em lugar de torná-lo um fim em si, faça com que seja um processo de descoberta. Não desista nunca. Seu corpo e relacionamento agradecem.

# Amor 4G

## Pingo no i

**Quantas vezes você e seu** namorado se comunicam durante a semana? Telefonema de verdade e olho no olho, raramente; mensagens de texto e áudio no WhatsApp, de montão!

Bem, isso não é e nunca será um relacionamento. É amizade virtual com direito a uma extensão sexual no fim de semana, na melhor das hipóteses.

Para mim, a comunicação do tipo bicho-preguiça, via texto, pode ter quatro finalidades:

a) unir as pessoas (leia-se amantes também);
b) dar uma levantada no ego;

c) dar a impressão de que está se importando;
d) manter o outro a distância.

Se uma pessoa só procura ocasionalmente aquela com quem costuma ter relações sexuais, onde está o interesse?

Ao que tudo indica, o conceito de relação saudável caiu por terra. Até pouco tempo atrás – e, certamente, antes do advento cibernético (texto, *e-mail*, Facebook, Twitter etc.) –, se alguém não a chamava ao telefone e não se preocupava em vê-la regularmente, o relacionamento terminava. Eram discussões em cadeia e, depois, o fim!

Será que se convencionou amar de uma maneira nova? A interação genuína, a cortesia, o respeito, o cuidado, a confiança, a intimidade estariam mortos ou ultrapassados?

## Conclusão

Sim, podemos ter algumas opções de comunicação adicionais. Repetindo: ADICIONAIS. Ou seja, a tecnologia é complementar. Estar frente a frente, falar ao telefone é crucial, e isso não pode ser substituído por nada, em especial pelas mensagens de texto, que são ridiculamente prevalentes em muitos relacionamentos.

Não se engane: dizem que essas ferramentas fazem parte da cultura moderna para legitimar um comportamento de baixa qualidade. Não concorde com isso e não se renda.

Na minha opinião, o amor em 4G não passa de uma interação sem respeito mútuo.

A realidade é esta: relacionamentos exigem esforço, cumplicidade, intimidade, bem como amor, cuidado, confiança, respeito.

Se ele não está ligando nem fazendo um esforço que envolva voz, olfato, visão e até paladar, e em vez disso investe em comunicação androide e factoide, você está em uma conexão limitada de discagem indireta. Não passa de falsa intimidade e só faz desconstruir o afeto mútuo, a médio prazo. Tudo está fadado a ficar mais ou menos meia-boca, até acabar!

Em bom português: se ele não liga regularmente, não está interessado em você. Se ele não a vê regularmente, não está interessado na relação. Se ele se comunica essencialmente por meio de textos, e-mails e postagens, é porque quer manter-se à margem da sua vida, não no seio dela.

Verdade seja dita: temos usado e abusado desses meios de comunicação, porque eles nos oferecem a oportunidade de sermos muito mais agressivos do que seríamos se estivéssemos frente a frente, ao vivo e em cores. Isso não é nada bom para um relacionamento saudável. Falta coragem para interagir olho no olho.

Por isso, não aceite nada menos que atenção. Relacionamento não é mendigar na porta do coração de alguém para receber esmolas.

Mantenha seu investimento proporcional ao que você recebe. Se ele não está fazendo o devido esforço para se relacionar por telefone e pessoalmente, você precisa rever o seu grau de investimento nessa relação.

Vamos encarar os fatos:

1 — NÃO É POR SER tímido que ele prefere escrever.

2 — NÃO É POR SER A pessoa mais ocupada da face da Terra que ele não liga para você.

3 — NÃO É POR SER UM apaixonado pela língua portuguesa que ele prefere enviar textos.

4 — NÃO É PORQUE ELE VIVE em outro país com fuso horário diferente.

5 — NÃO É POR ESTAR economizando dinheiro para jantar com você que ele não quer gastar com telefone.

Sendo assim, que tal se sentar e conversar sobre tecnologia e até que ponto ela está aproximando ou separando vocês? Facebook, WhatsApp, Gmail são apenas complementos. Nada substitui o calor, um beijo, um abraço ou um olhar. É disso que o amor se alimenta.

## VOCÊ JÁ SE ALIMENTOU HOJE?

# Longevidade no amor e no sexo

## Pingo no I

Alguns anos atrás, conheci nos Estados Unidos um adorável casal que estava junto fazia seis décadas. Quando perguntei ao senhor há quanto tempo estava casado, ele me respondeu: "Não o suficiente".

Confesso que senti uma ponta de inveja. Tomando como exemplo a convivência deles, tenho certeza de que isso é possível.

No entanto, tenho aqui nas mãos um estudo no qual psicólogos afirmam que o intenso sentimento de amor romântico só dura aproximadamente dezoito meses (no máximo, três anos). Estou certa, todavia, que muita gente, assim como eu, conhece pelo menos um homem e uma mulher cuja chama arde com a mesma força há décadas.

Sendo assim, por que será que alguns conseguem manter a paixão, o romance e o amor vivos, e outros não?

## Conclusão

**Ingredientes do amor:** sabe aquela camiseta *oversized*, largona, velha e feia que você insiste em usar à noite, em casa? Pois é, ela acaba com qualquer erotismo. Casais que trabalham até tarde em casa ou no quarto, quando deveriam estar juntos na cama, no sofá, na cozinha ou no banheiro, cabelo mal escovado, unhas por fazer, calcinhas "modelito elefante"... Parece brincadeira, mas esses detalhes fazem toda a diferença.

O que fazer para superar o marasmo, a mesmice, e manter a chama erótica no seu namoro ou casamento? Enumero algumas sugestões e deixo que a sua imaginação a surpreenda.

**1** MANTENHA O DESEJO. Já ouviu falar em preliminares? Pois é, não são algo que se faça cinco minutos antes do sexo em si. Elas deveriam ser retomadas, em princípio, no mesmo instante em que o último orgasmo despediu-se. Tente não deixar a peteca cair.

**2** SUSTENTE OS PONTOS POSITIVOS. Seu parceiro precisa continuar acreditando que é atraente, engraçado, gentil e, sem dúvida, a sua melhor companhia e o amante insubstituível. Ajude-o a perceber que não há outro que possa tomar o lugar dele.

3 **DESMISTIFIQUE A IDEIA DE ESPONTANEIDADE.** O sexo é comprometido, é premeditado e é intencional. A espontaneidade na sua vida sexual resume-se em agendar as datas do motel. E isso é apenas um *plus* somado ao que deve acontecer com frequência na sua casa. Uma coisa não invalida a outra. No que diz respeito à sua vida amorosa, invista, portanto, na arte de gerar espontaneidade em meio à premeditação.

4 **LEMBRE-SE DE SUA HISTÓRIA.** Em momentos de crise, que devem servir para unir ainda mais o casal, uma abordagem que funciona bastante é rememorar o início do relacionamento. Lembrar a sua história de amor, como começou e como progrediu ajuda a avivar a atração sentida no primeiro momento. Isso também faz vocês refletirem sobre o vínculo que foi criado ao longo do tempo.

5 **ESTIMULE A MENTE.** O sexo não acontece só no corpo, mas também na mente. Então, antes de começar a desabotoar botões e abrir zíperes, contenham-se um pouco no ritmo e tornem a experiência mais criativa e divertida. Dê tempo ao tempo e o faça parar para vocês dois.

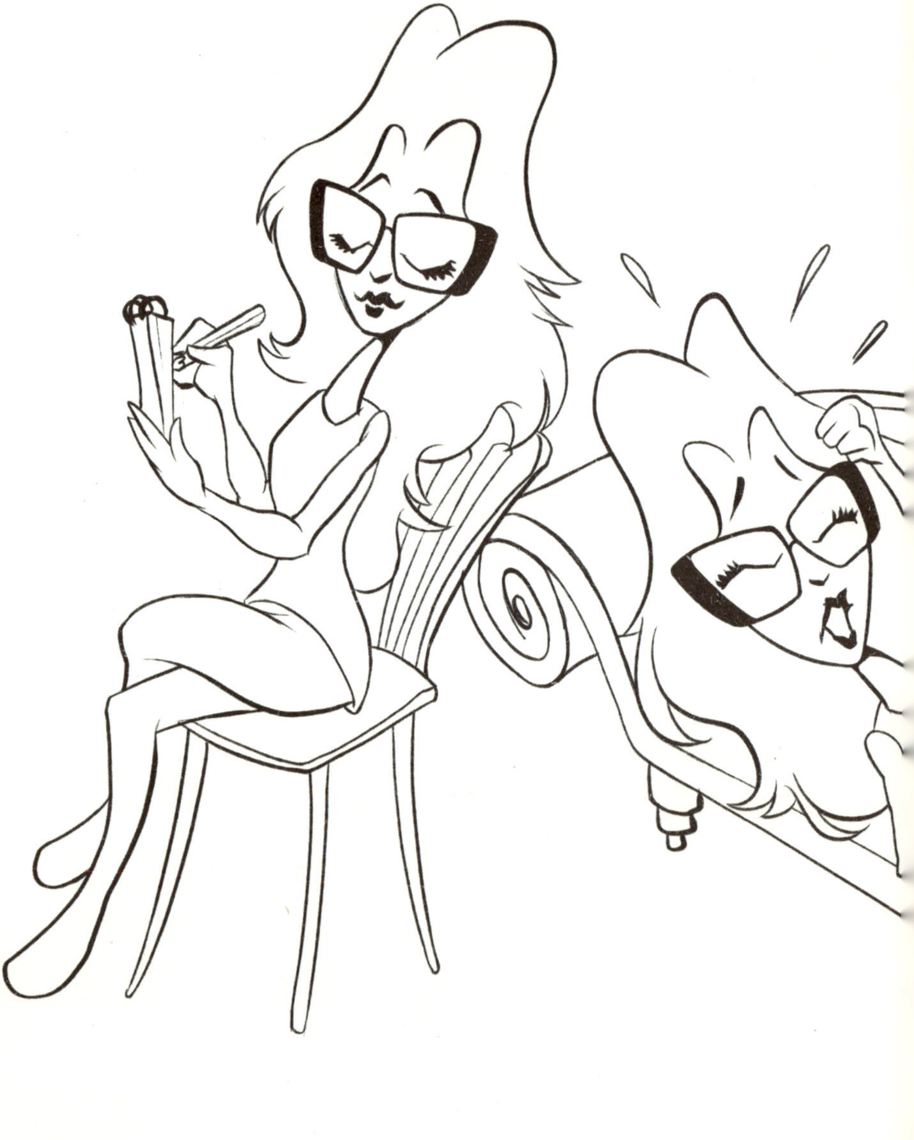

# Divã

# O amor. Ah, o amor!

## Pingo no I

O amor é um elo entre as pessoas que sentem que precisam umas das outras para sobreviver. O amor é mais do que sentimento, é desejo. E não tem preferências: pode ser preto, branco, velho, novo, *gay* ou hétero, alto ou baixo. O amor é um baita vocábulo de peso, muito mais do que a mente humana pode compreender.

O amor nos faz sentir perdidos. Os nossos ossos se enfraquecem, a espinha esfria e o corpo sua em bicas em pleno inverno. Independe da nossa vontade e chega a ser cruel. O amor é a razão por que nos tornamos tão fortes em tempos de tempestade. O amor não é um risco, mas sempre a recompensa. E, para sermos recompensadas, é preciso ter foco, dedicação e muito investimento.

O amor é uma série de escolhas. A primeira delas é baseada em múltiplos fatores: química, princípios, lógica, humor, inteligência, corpo... Além disso, depende do nosso momento de vida, do que queremos e do que precisamos.

Com base nessas variáveis e em tantas outras, optamos inconscientemente por iniciar uma história de amor ou não. Se decidirmos protagonizar um romance, o exercício de amar pode lançar sobre a nossa vida momentos de luz intensa, como a maneira como trocamos olhares, como rimos juntos, como conversamos em silêncio.

No entanto, tal como em um voo aéreo, pode haver turbulência. Discordâncias, embates ou pequenas coisas que incomodam, como hábitos e costumes: as meias, a tampa do vaso, a demora, a pressa, os gritos, a cobrança. Então, cai o véu da dúvida: "Será que fizemos a escolha certa?".

Uma vez indecisa, é preciso fazer outra escolha: continuar ou pular fora? Essa escolha, por sua vez, é baseada em outros fatores e vai ser ditada pelo perfil do indivíduo e sua jornada.

Se decidir saltar do avião, a queda livre é assustadora, mas a tornará mais forte (crescimento) ou miserável (depressão). Se decidir ficar e enfrentar a turbulência, talvez tenha amadurecido o suficiente para mudar a maneira de pensar e agir de forma que tudo dê certo. Simples assim: dar linha à pipa ou não.

# Conclusão

Disso tudo resulta que há uma diferença entre amar e escolher amar. O primeiro é um sentimento; o segundo, uma ação.

Por isso, às vezes é tão difícil amar. O amor nos obriga a ter postura – e não estou falando de comprar flores, dar presentes, mas de colocar nossos desejos de lado, numa certa anulação consentida. Além disso, assim como a química, a capacidade de amar não é uma constante; é uma variável. Flutua, dependendo da trajetória de cada um, dos objetivos e metas e de uma série de outros fatores. Resumindo: às vezes é fácil; outras, extremamente difícil. No fim das contas, porém, é sempre uma escolha.

Não feche a porta.

## CANTINHO PESSOAL

Aos 50 anos, venho aprendendo que o amor é uma caixinha de surpresas. Eu o havia colocado no mesmo compartimento do Cupido, do Papai Noel e do Coelhinho da Páscoa, mas enganei-me: ele é verdadeiro, real, e tem forma, consistência e matéria.

Até os 36 anos, depois de um par de decepções, lamentava os encontros vazios de atração e valores não compartilhados. Aos 40, já não me importava mais com os encontros desencontrados, que acabam não levando a nada. Aprendi a apreciar o momento. Aprendi a saborear o outro. Talvez nem haja um segundo encontro, mas me dei a chance de aproveitar a oportunidade e, a partir daí, fazer escolhas sem pulsar sentimentalismo como uma Cinderela à espera do príncipe encantado.

Aprendi a ir contra a corrente, recusar-me ao conformismo, seguir pela estrada menos percorrida em vez de escolher o caminho mais fácil, rir diante da adversidade e jogar-me a cada oportunidade sem racionalizar muito. Aprendi a dançar sem música. Aprendi que cada conexão, cada encontro, cada momento tem um propósito. Não tento preenchê-los com sentimentos vagos, tirados de romances de varejo e dramalhões mexicanos. Permito-me aprender algo novo sobre uma pessoa nova e provavelmente sobre mim mesma. Além disso, agindo assim, na maioria das vezes acabo tendo um grande momento. Aproveito as oportunidades para sair, conhecer gente, assistir a um filme e (por que não?) tentar caso apareça alguém. Os encontros só acontecem porque existem desencontros.

Uma mulher vibrante, educada, orientada para objetivos é muito mais atraente do que aquela que espera um homem para validar sua existência. Regras são feitas para serem quebradas: temos de ser corajosas o suficiente para viver a vida a nosso bel-prazer, e nunca, nunca pedir desculpas por amar demais, errar demais, viver e ser feliz.

# Ilusões nossas de cada dia

## Pingo no I

Muitas mulheres gostariam de estar em um relacionamento, mas falta-lhes o cromossomo Y: o homem.

Ouço mulheres inteligentes consolarem umas às outras com mantras de contos de fadas, que prometem que elas encontrarão seu príncipe encantado. Basta aguardar a sua chegada. Para mim, isso é irresponsabilidade. Por favor, meninas, senhoras e senhoritas, por que ser tão exigente ao escolher um pretendente? Deixem-se encantar pelos sapos e serão recompensadas: terão muita sorte em poder beijar um.

Isto é fato: estamos sempre buscando um homem lindo, inteligente, sarado e, de preferência, estabilizado financeiramente, que nos respeite e tenha algo para oferecer. Em suma, deve passar no teste de qualidade antes que possamos nos apaixonar por ele.

O ponto é: que tal dar uma chance ao sapo de mostrar o quanto ele pode ser extraordinário sem a expectativa piegas dos contos de fadas?

Concordo que o amor deve ser perseguido de forma imprudente, com um coração temerário e inflexível. Se a gente se queimar, a vida é assim; existem muitas rãs no brejo. O mais importante, porém, é não deixar que o conto de fadas prejudique a sua felicidade. Em outras palavras, beije o sapo e surpreenda-se com o príncipe. É possível.

## CURIOSIDADE

Ao menos na concepção, os machos têm vantagens em relação às fêmeas. De acordo com cientistas da Universidade Lehigh, Jennifer Swann, Ph.D, e Neal Simon, Ph.D, nos Estados Unidos, em uma ejaculação existem cerca de nove espermatozoides carregando o cromossomo Y, que determina o sexo masculino, para cada dez com o cromossomo X, que determina o sexo feminino. Apesar dessa diferença, a cada ano nascem mais meninos do que meninas. Mesmo em fertilizações *in vitro*, ou seja, nos casos de bebês de proveta, é mais comum conceber um homem do que uma mulher. Segundo os cientistas, os espermatozoides com o cromossomo Y parecem mais eficientes em penetrar no óvulo, tanto que, embora em menor número, estatisticamente, eles fecundam mais de metade dos óvulos. O que ninguém explica, por enquanto, é o segredo desse sucesso.

# PALAVRA
# DE ESPECIALISTA

Casar por amor é algo recente na história da humanidade. Por centenas de anos, os casamentos foram arranjados – e ainda o são em muitos países. Às vezes, essas relações se transformam em profundo amor mútuo. É realmente importante ir mais fundo quando você está avaliando uma pessoa. Por isso eu sempre digo: a amizade é a melhor base para um relacionamento afetivo. Não é pré-requisito, mas pode ser uma ótima maneira de começar.

O amor é uma oportunidade, mas, para algumas mulheres, é um prêmio a ser perseguido avidamente. Talvez um dia você beije um sapo que se transforme no príncipe que vai correr perigo por você, admitirá seus erros e lhe dará um sorriso na cama, desejando-a exatamente como você é.

# Conclusão

**Qual é a razão** de algumas mulheres se iludirem, achando que só porque estão saindo com um rapaz há algum tempo ele é o homem da vida delas? Às vezes, o cara não sente nada por elas, mas ainda assim estão convencidas de que ele é o tal.

Anos atrás, li um livro intitulado *Ele não está a fim de você* (*He is just not that into you: The no-excuses truth to understanding guys*), de Greg Behrendt e Liz Tuccillo (2004, Simon and Schuster).

Desde então, sempre o associo ao fato de algumas pessoas caírem na estupidez de ver amor onde ele não existe. A obra discute justamente esta questão: por que se faz isso? Essa é uma boa pergunta e diz respeito tanto aos homens quanto às mulheres, embora eu acredite que elas sejam mais atingidas, já que são mais emocionais.

Mulheres que veem o amor onde não há nem sinal dele aceitam menos que um relacionamento. Parecem sempre prontas para sacar uma desculpa, algo que justifique o desinteresse ou até mesmo a falta de respeito do parceiro, contentam-se com pouco e continuam afirmando que o parceiro realmente se importa com elas. Torna-se embaraçoso e difícil até mesmo para os amigos despertá-las para o que está acontecendo. Na verdade, nada quebra a fantasia, a não ser quando o rapaz em questão resolve jogar limpo e dizer: "Não quero você".

Se o mundo à sua volta a está acusando de ver amor onde não existe, faça um esforço para perceber se esses detalhes gritantes rondam sua relação:

**1** Um homem que não está envolvido emocionalmente não quer discutir sentimentos. Tampouco faz declarações de amor. Se ele disser que não sente nada por você ou que não consegue vê-la ao seu lado no futuro, acredite. Se arriscar, será por sua conta e risco.

**2** Se um rapaz não a respeita, ele não está contigo. Ponto final. Não dê desculpas para o desrespeito. Nunca!

**3** Se ele está ocupado demais para vê-la ou não quer acompanhá-la a algum lugar por causa do trabalho, isso significa que ele não quer estar com você.

**4** Se ele a trata como amiga em público e como namorada e amante a sós, deixe-o ir. Ele não se importa com você e com os seus sentimentos.

**5** Se é casado ou tem uma namorada a quem promete deixar, ele não é aquele em quem você pode depositar confiança. Ele a está usando, não importa se diz que a esposa ou a namorada é psicótica. Ele provavelmente está falando a ela a mesma coisa a respeito daquela maluca que está atrás dele: você.

6 ELE PARA DE LIGAR e só manda textos? Acredite: não quer aparecer. Ele quer passar mais tempo com a família ou os amigos.

7 SEUS ENCONTROS NUNCA são planejados, e quando acontecem é porque você ligou? Ele liga para você de madrugada, quando está deprimido, sozinho ou embriagado? Não queira ser mãe ou conselheira sentimental. Liberte-se.

# Em busca do homem certo

## Pingo no I

É este? É aquele outro? Devo ir fundo com esse tal, ou então esperar? Talvez o destino me reserve alguém melhor? Divirto-me com a pessoa errada enquanto a certa não aparece?

"A vida é realmente simples", já pregava Confúcio há cerca de 2.500 anos. "Nós é que insistimos em torná-la complicada."

Verdade seja dita, minha experiência mostra que, no exato momento em que parei de tentar encontrar o homem certo e comecei a buscar tornar-me a mulher certa, cheia de autoestima e amor-próprio, achei a pessoa da minha vida. Entendeu a filosofia? Pois essa é a base para um relacionamento saudável! A partir daí, tudo muda.

Nossos relacionamentos começam dentro da gente. Quando nos descomplicamos e nos aceitamos, nossa relação com os outros também se torna mais simples. Ao parar de fazer as coisas "erradas" – nos anular, por exemplo – e começar a fazer as "certas" – nos aceitar como somos –, nosso relacionamento fica muito mais fácil.

Imagino que por esse mundo afora existam pessoas muito, mas muito complicadas, que não conseguem perceber que a complicação está dentro delas mesmas. É hora de arregaçar as mangas e encarar a malhação da personalidade. Já para a academia da vida! Como aquecimento, trinta minutos de esteira na velocidade do autoconhecimento.

# Conclusão

**1** COMECE A ACEITAR suas falhas. Uma vez que você as aceita, ninguém pode usá-las contra você. Ame-se, perdoe-se, aceite-se! A autoestima é tudo. Somos quem somos: começo, meio e fim. Sem desculpas ou arrependimentos.

**2** PARE DE SE COMPARAR aos outros e competir com a pessoa que está na esteira ao lado. Na academia da vida, cada um tem seu ritmo, seu biótipo e um tempo de malhação diferente. Dê um passo de cada vez e não compare o seu progresso com o dos demais. Todos nós precisamos do nosso próprio tempo.

3 COMECE DEIXANDO QUE cada um seja exatamente quem é. Um relacionamento depende de duas coisas: primeiro, valorizar as semelhanças; segundo, respeitar as diferenças.

4 PARE DE SER insensível e seja gentil. Usando novamente o exemplo da academia, diria que você não deve se apropriar do equipamento de musculação se outras pessoas estiverem esperando na frente. Alterne as séries. Não queira ser o *personal trainer* da situação e muito menos dono da razão. Relacionamento não é MMA.

5 PARE COM A necessidade doentia de estar sempre certa. Valorize seu relacionamento mais do que o seu orgulho.

6 COMECE MOSTRANDO O seu amor. Não basta fazer declarações do tipo "eu te amo", pois o que realmente importa são as ações. Às vezes, um minúsculo gesto de amor pode ocupar um espaço enorme no coração de alguém. Para ser e fazer feliz, bastam três ingredientes: atenção, carinho e apreço.

# CANTINHO PESSOAL

Eu estava na esteira da academia e, enquanto suava num frenético programa de subidas e descidas, notei que uma adolescente ao meu lado corria ao mesmo tempo que conversava com alguém pelo celular. Fiquei pensando no número de robôs que andam pela cidade, verdadeiros zumbis cibernéticos acorrentados aos seus iPhones, FaceTime, WhatsApp, Twitter e Facebook!

Senti o peso da idade, coisa que até então nunca havia me incomodado, porque a idade está no cérebro. Lembrei-me do tempo em que eu esperava a ligação de um pretendente, agarrada ao telefone fixo de casa. E quando ligavam a cobrar de um telefone público, com uma ficha amarrada num fio de linha para poder falar por alguns minutos mais?

Não existiam outros meios de comunicação, a não ser o telefone ou os recadinhos escritos numa página de caderno rasgada. Adorava guardar esses recados!

Nossa vida amorosa tinha mais emoção. Hoje as mensagens saltam em ritmo alucinado do Twitter, do Facebook, do Instagram. Não existe mais aquela pressa de chegar em casa a tempo de atender a uma ligação. Simplesmente, não precisamos mais correr para responder ao telefone antes dos nossos pais.

Não importa o quão excitante seja uma mensagem de WhatsApp, seu som ou a luz piscando: não é a mesma coisa que o barulho ensurdecedor de um telefonema antigo, ecoando nos seus quinhentos decibéis pela casa toda.

Preocupa-me o fato de a tecnologia ter anuviado o conceito de romance. Embora as opções de comunicação sejam atualmente mais variadas e facilitadoras dos encontros, como o namoro *on-line*, acredito que o problema esteja em como as utilizamos.

A tecnologia tornou tudo menos orgânico, menos orgástico e misterioso. Prefiro descobrir por mim mesma o que meu namorado fez na noite anterior ou quais são suas preferências gastronômicas saindo com ele para jantar, ou descobrir seus hobbies praticando um esporte junto com ele, a ter isso de mão beijada dividindo com mais de milhares de pessoas no Facebook. Ficou mais fácil para a concorrência montar um esquema para tentar arrebatá-lo.

É claro que as mídias sociais e os encontros *on-line* são ótimos para conhecer pessoas, fazer amigos e tecer relacionamentos. Conheço diversas famílias que se formaram graças à internet, e há milhões de finais felizes como prova disso. No entanto, cada vez que se lança um novo aplicativo social, parte de mim fica um pouco triste. É bom manter as coisas simples. Uma conversa, um olho no olho bem agarradinho, corpos suados, olhares ardentes, mão naquilo e aquilo na mão, prazeres de um romance só entre nós dois.

# Alma gêmea

## Pingo no i

Alguma vez você se sentiu conectada a outra pessoa a ponto de haver empatia e sinergia total nas virtudes e até mesmo nos defeitos? Parabéns! Você faz parte de uma minoria que encontrou sua alma gêmea.

Achar sua alma gêmea gera um sentimento e um conhecimento de si mais profundos. O reconhecimento consciente e inconsciente de uma ligação, semelhança, afinidade e intimidade imediata abre as portas para algo maior e nunca unilateral.

Almas gêmeas podem ser comparadas a uma gestação bivitelina, com duas placentas e sexos diferentes. Eles não se parecem fisicamente, embora alguns possam ter semelhanças, mas o espírito é praticamente univitelino.

Almas gêmeas são catalisadoras para o crescimento. Não são apenas uma relação regida, como na maioria das vezes, por certa complacência. Nesse tipo de relacionamento não há sentimentos sufocantes: ninguém apaga a luz pessoal do outro. Almas gêmeas ajudam a ter boa estima pessoal e, com isso, estimulam o amor mais intenso pelo outro.

Essa é uma relação totalmente equilibrada na aceitação do parceiro. Não tem prazo de validade e envolve espiritualidade, compatibilidade, intimidade sexual e cumplicidade.

Não é qualquer um que pode nos satisfazer, mas nossa alma gêmea pode. Nenhuma peça fica faltando no seu quebra-cabeça. Nesse momento você deve estar pensando que nunca encontrará essa pessoa. Conselho: não desista, pois ela virá quando menos você esperar, se é que já não está ao seu lado.

## PALAVRA DE ESPECIALISTA

Segundo os princípios das Leis Herméticas, atribuídas ao deus grego Hermes Trismegisto (também denominado Thoth pelos egípcios), o desequilíbrio polar é uma das razões que freiam a atração da alma gêmea.

Há uma energia receptiva feminina e uma energia projetiva masculina, o que os chineses chamam de yin e yang. Nenhum dos dois polos é capaz de criar sem o outro.

O pesquisador inglês Simon Baron-Cohen, da Universidade de Cambridge, autor de teorias sobre o autismo, na obra *Understanding other minds: Perspectives from developmental social neuroscience* (Oxford, 3. ed.), sustenta que o cérebro pode ter características mais masculinas (capacidade de sistematização e classificação) ou mais femininas (empatia). No entanto, isso pouco tem a ver com o sexo das pessoas. Ou seja, tanto os homens podem ter cérebro feminino quanto mulheres, cérebro masculino.

Muitos têm distorções de energia masculina ou feminina. Acabam excessivamente vinculados a um ou outro polo. Quando isso acontece, suas relações também ficam distorcidas. Em resumo: somos um pêndulo; temos de encontrar o equilíbrio em nós mesmos.

# Conclusão

Dr. Mark Goulston é psiquiatra, palestrante internacional e autor de best-sellers. Em um de seus livros, *The 6 Secrets of a Lasting Relationship* (2001, Perigee Book), ele apresenta indícios de como alcançar a felicidade a dois. Tomando como referência seus preciosos ensinamentos, acrescentei algo pessoal e assim chegamos a esta porção mágica que se pretende, infalível. Ainda que seu parceiro não seja a sua alma gêmea, vale tentar!

**1** Vá para a cama ao mesmo tempo que ele. Lugar de casal é na cama. Lembra quando começou o seu relacionamento, quando não podia esperar para estar entre quatro paredes com o seu amor? Casais felizes são movidos pela tentação de fazer amor a qualquer momento. Cultive essa filosofia.

**2** Crie interesses comuns. Quando a paixão se acalma, é frequente perceber que você divide poucos interesses em comum com o seu parceiro. Normal. Não subestime, todavia, a importância das atividades em conjunto. Se não há interesses em comum, faça acontecer! No entanto, não se esqueça do que gosta de fazer sozinha: isso vai torná-la mais interessante e impedir que pareça demasiadamente dependente.

**3** Andem de mãos dadas ou abraçados, lado a lado. Em vez de arrastar o seu companheiro ou ser arrastada por ele, caminhe confortavelmente lado a lado, como um casal feliz faz.

**4** Faça da confiança e do perdão uma regra inquebrantável. Se há desacordo ou impasse, peça perdão e confie, em lugar de fingir que está tudo bem. Deixe para trás desavenças e aposte no futuro da relação.

**5** Concentre-se mais no que o seu parceiro faz de "correto". Se você só focar nas coisas erradas, é óbvio que vai encontrar muitas. Tudo depende da perspectiva. Casais felizes destacam o lado positivo da relação.

**6** ABRACE E BEIJE. Nossa pele tem capacidade de memorizar o toque, sabia disso? Casais que se abraçam frequentemente mantêm a pele impregnada do bom toque, e este tem um incrível poder de transformação. Acredite!

**7** DIGA "EU TE AMO" e "tenha um bom-dia" todas as manhãs. Essa é uma ótima maneira de demonstrar afeto e amenizar o estresse diário. Como é bom ser amado!

**8** DIGA "BOA NOITE" todas as noites. É absolutamente necessário terminar o dia com uma proposta de conciliação e harmonia, por mais que o dia tenha sido ruim. Isso transmite ao seu parceiro o quanto ele é importante para você.

**9** FAÇA-SE PRESENTE durante o dia. Use e abuse das mensagens. As redes sociais têm seu lado bom, o da instantaneidade e da facilidade de relacionar-se com o mundo etc. Mas devemos evitar o relacionamento apenas virtual, não deixar de lado o contato com a pele, os olhares, para viver a fantasia da web. Mas, uma vez que exista equilíbrio, deve ser usada, e muito.
Faça-se presente e compartilhe situações e reflexões do dia a dia. Isso ajusta a sintonia entre parceiros. No entanto, não seja espaçosa e mal-educada. Respeite as limitações de horário e trabalho.

**10** SINTA ORGULHO DA pessoa que está ao seu lado. Casais felizes têm o prazer de ser vistos juntos, abraçados. Com isso, estão dizendo ao mundo que pertencem um ao outro. Demonstre afeto!

# Tem certeza de que esse homem é para você?

## Pingo no i

**Sentadas lado a lado no avião,** uma mulher pergunta à outra: "Como posso saber se estou com a pessoa certa?".

Obviamente, dirijo minha atenção na espera ansiosa pelo *feedback* da outra. Para a minha surpresa, porém, a resposta foi peremptória. Algo como um surto de insensatez: "É claro que ele não é para você!".

Onde será que a pessoa se perdeu na pergunta que para ela foi dirigida? Não foi isso o que a moça perguntou, mas, sim, COMO SABER!

Eu responderia o seguinte: "Todo relacionamento tem um ciclo. No começo nos apaixonamos. Apaixonar-se não é difícil. Na verdade, é uma experiência essencialmente natural. Não precisamos fazer nada. Pessoas apaixonadas costumam dizer: 'Caí de quatro'. Isso significa que estavam ali, de pé, e, sem que tenham feito nada, perderam o chão. Em um segundo momento, a atração e a paixão continuam, mas o lado racional, o 'pé no chão', começa a dar o ar da graça. As diferenças passam a ser sentidas, porém acreditamos que tudo pode ser mudado: 'Ah, não há nada assim tão importante, que eu não possa relevar'. Com a convivência, vem a intimidade e aí agimos com mais naturalidade. Sem precisar impressionar o outro, até porque nos sentimos mais seguros no relacionamento. Comigo, essa fase sempre acontecia depois dos quatro meses de relacionamento. Começam a surgir os defeitos, as diferenças, as fraquezas, aquelas que, no primeiro momento, eram fáceis de levar, mas que agora nos irritam. Entram em cena as reclamações, os rótulos: 'Você é isso, você só faz aquilo', bem como a tentativa de mudar o outro. Para que isso não aconteça, é preciso ir devagar com a relação, conhecer um pouco mais do outro e ouvir a nossa voz interior, que, por sinal, é muito sábia".

A comunicação é imprescindível. Todos temos defeitos e virtudes, mas juntos conseguimos encontrar o equilíbrio. Passamos então ao compromisso, o que seria o fechamento do ciclo. Sabemos o que vamos encontrar com quem conviveremos e decidimos que é exatamente isso que queremos. Começamos a planejar então toda uma vida juntos, com amigos e familiares. As diferenças continuam existindo, mas agora é notório que não mudaremos, e o que sentimos um pelo outro nos ajudará a aprender a conviver com elas. Se não é assim, deveria ser.

De fato, apaixonar-se é uma experiência espontânea, passiva. Independe da nossa vontade. Passados alguns meses ou anos de convivência, a euforia amorosa não é tão desesperadora, mas é profundamente gratificante. Nos sentimos mais perto um do outro, protegidos, cuidados e valorizados. Por outro lado, abrimos a guarda e começamos a ficar mais ocupados com outros afazeres; se não tomarmos cuidado, essa segurança de que já conquistamos o outro em definitivo nos separa. É o ciclo natural de todo relacionamento e em quase meio século de vida nunca vi nada muito diferente disso.

Telefonemas que no passado eram tão esperados passam a ser incômodos. Reclamam-se mimos, atenção, falta de amor, carinho e sexo. Programas noturnos a dois? Só em dias de promoção no supermercado 24 horas. Beijos e abraços? Passam a existir apenas nas novelas e em filmes românticos. O cheiro da pele vira suor fedido. E não vamos falar de filhos...

A temperatura dessa fase varia de um relacionamento para outro, mas uma coisa é certa: há uma diferença dramática entre os tempos de namoro, desde o começo da relação, quando o casal está apaixonado, até mais tarde, quando a segurança é tanta que tudo se torna mais maçante, ou até mesmo sufocante. Quando isso acontece, a pergunta é óbvia: "Será que estou com a pessoa certa?".

Pior: ao refletir sobre a euforia do amor que se esvaiu, é possível que se deseje uma nova experiência com outra pessoa. Assim, abre-se a porta da esperança e entra o caos. Mas o amor não se foi, ele continua ali. Existe um ditado popular que diz: "Se você está passando pelo inferno, não pare". É nesse momento, em que a coisa parece desandar, que temos a oportunidade de apreciar a pessoa como ela é, e não com o peso que nós mesmos colocamos nela de ser a ideal. Não há nada mais gratificante do que estar ao lado de alguém que o ama da maneira como você é.

## Conclusão

A chave para o sucesso de um relacionamento não é encontrar a pessoa certa, mas aprender a cultivar o amor com quem está ao nosso lado. E isso significa muito trabalho, como meu pai, seu Galdino, do alto da sua sutileza nordestina, sabiamente dizia: "Tem de ter colhões".

As pessoas culpam os parceiros pela sua infelicidade. Ocorre que cada um tem sua parcela de responsabilidade.

A infidelidade é o mais comum dos problemas, mas há quem se volte para o trabalho, quem foque nos estudos e quem se dedique integralmente aos filhos. Tudo em excesso. A resposta para o problema não está fora do casal, mas na própria relação.

Não estou dizendo que não podemos nos apaixonar por outra pessoa. Podemos. E, temporariamente, isso pode até parecer que nos ajuda a nos sentirmos melhores. Forma-se, porém, um círculo vicioso e, em breve, a situação se repete com outro e outro.

A fórmula do sucesso de um relacionamento não é encontrar a pessoa certa, mas cultivar os bons sentimentos por aquele mesmo parceiro de sempre, pelo qual um dia nos apaixonamos. Daí resulta que sustentar o amor não é uma experiência espontânea, passiva. É preciso empenho, dia após dia. Toma tempo, esforço, energia. E, o mais importante, exige sabedoria.

O amor não é um mistério. Assim como há leis físicas no universo (por exemplo, a gravidade), existem regras que se aplicam aos relacionamentos. Se soubermos como agir, os resultados passam a ser previsíveis.

O amor é, portanto, uma decisão, não apenas um sentimento.

Lembre-se: o universo determina quem entra na sua vida. Cabe a você decidir quem fica e quem sai. Pobre moça da resposta errônea: tomou o bonde, ou melhor, o avião errado!

# Dividida entre dois amores

## Pingo no i

**Você está num relacionamento** e, sem mais nem menos, percebe que está envolvida com outra pessoa. O que aconteceu? No mínimo, seu parceiro e você não estão felizes juntos.

É bastante fácil se apaixonar. Permanecer no amor, lutar por ele, construí-lo e consolidá-lo são outros quinhentos. Por momentos, a paixão nos deixa fortes, maravilhosos; por outros, especialmente em períodos de grande estresse e conflito, nos sentimos distantes. A tentação de se deixar atrair por gente nova começa a nos rondar.

Quando acontece de nos apaixonarmos por uma pessoa nova, nos enganamos, dizendo que não passa de amizade, uma brincadeira que logo vai acabar. Seria uma espécie de relacionamento-tampão, para suprir o espaço deixado na relação atual. No entanto, uma vez que os sentimentos estão estabelecidos, o desejo sexual aflora e, quando nos damos conta, consuma-se o vulgo "caso".

A boa notícia é que raras pessoas abandonam o parceiro pelo novo caso. Alguns poucos casais conseguem sobreviver à experiência, mas – uma má notícia – uma grande quantidade deles não suporta o fantasma da traição. Como lidar com a situação?

# Conclusão

**Depende inteiramente** de o casal ainda estar apaixonado ou de você estar irremediavelmente hipnotizada pela paixão bandida.

Esse fascínio pode durar anos. E, como acontece com qualquer infidelidade, acaba minando a confiança, a honestidade e a comunicação, que são as chaves da sobrevivência e da longevidade de uma relação.

Não subestime a dor que uma traição pode causar, ainda que ela fique no campo das ideias. Esse tipo de sentimento é profundamente doloroso e leva tempo para desaparecer. Isso, porém, pode acontecer. Caso se repita, significa que o afeto entre seu parceiro e você foi desgastado a ponto de não resistir às tentações.

Assim, fica a lição: você merece o melhor. Se aparecer alguém na sua vida enquanto está em um relacionamento, é porque algo está errado. Conserte a relação ou descarte-a. Seja fiel a você mesma e saia de cabeça erguida.

# A geração plâncton

## Pingo no i

**Nossos oceanos, rios e lagos** são povoados por uma incrível diversidade de seres vivos de reduzidas dimensões que pertencem aos mais diversos grupos biológicos. Constituem o chamado plâncton e caracterizam-se por flutuar passivamente, arrastados pelas correntes. Alguns possuem órgãos locomotores que lhes permitem deslocar-se por curtas distâncias, mas nenhum consegue vencer de fato os movimentos da água e todos acabam servindo de alimento para organismos maiores.

Em matéria de relacionamento, conheço muita gente que permanece invisível e, assim como o plâncton, é engolida por peixes mais graúdos. Vejo isso como uma preocupação cada vez maior, em termos afetivos e sociais: estamos sendo transformados em plâncton!

Histórias de amor e romances afundam sob o peso do preconceito da idade, do nível de exigência e da busca desenfreada pelo príncipe encantado. Isso impede viver o inusitado e o inesperado, e condena a uma forma de vida vegetativa, à maneira do plâncton.

A oportunidade de conhecer solteiros também tende a se esgotar à medida que a juventude dá lugar à meia-idade. Pessoas nessa faixa etária, por exemplo, podem estar perdendo a chance de viver um amor avassalador, porque carregam marcas e rejeições de relacionamentos anteriores e tormentas familiares e têm medo de repetir o que viveram. Como resultado, faltam confiança e persistência para levar adiante uma relação.

No entanto, felicidade e tristeza não são hereditários!

# Conclusão

Na minha opinião, o fato de a geração plâncton estar solteira liga-se intimamente à forma como as pessoas avaliam a sua idade. Acostumaram-se a enxergar no espelho um ser pequeno, fraco e insignificante. Assim como a gente se vê, o mundo nos percebe.

É possível, porém, sair por aí e ser notada sem, contudo, precisar recorrer ao ridículo (um microshort ou um baby look), sem ser mulher-melão, siliconada em combustão, do tipo linda e maravilhosa, e sem tampouco ter de atravessar uma feira livre ou uma obra em construção.

Posso ser notada porque os pensamentos que tenho sobre mim mesma são revelados por meio da minha autoconfiança, e essa é a linguagem corporal que expresso. É o que as pessoas veem e escutam sobre mim.

Aprendi isso observando pessoas de bem com a vida, apesar dos problemas inerentes a todos, independentemente da conta bancária ou da etiqueta que vestem.

Essa é a fórmula, e com ela os resultados começam a aparecer: quando a ideia que temos sobre nós mesmos começa a mudar, tudo muda.

Um casamento não resolve problemas. Se você não está feliz consigo mesma, o que terá é um infeliz casado contra você, correndo o risco de ser envenenado por sua infelicidade.

Minha orientação: trabalhe internamente, de dentro para fora. Em lugar do plâncton passivo, apresente-se vibrante, confiante, nos seus 20, 30, 40, 50, 70 anos.

Você nunca é velha ou nova demais para se apaixonar. Além disso, lembre-se de que há um facilitador: à medida que a idade avança, homens e mulheres mais maduros estão mais propensos a um relacionamento de longo prazo, o que torna as coisas mais fáceis porque ambos remam na mesma direção.

Algumas pessoas se tornam amargas demais para se permitirem uma nova paixão – o que é uma grande bobagem, na minha opinião.

O plâncton que se alimenta de lamúrias não acredita que pode encontrar o amor novamente e, por isso, não se entrega. No entanto, não há nada de atraente em uma alma amarga! O plâncton precisa primeiro se depurar para depois viver um relacionamento saudável.

Amor-próprio é uma característica atraente, desejada, contagiante. Ame-se e respeite a si mesma. Não há nada mais *sexy* do que uma pessoa com autoestima. Ela atrai pessoas com as mesmas qualidades.

Assim, guarde este conselho: não se deixe arrastar feito plâncton; arraste multidões. Não cubra curtas distâncias; desbrave o desconhecido. Não se deixe dominar pelas ondas do medo da entrega. Se assim for, você servirá, como esses ínfimos seres vivos, de alimento para a solidão.

# Quando a idade importa

## Pingo no i

**Para alguém que escreve** sobre relacionamentos, é muito arriscado fazer comentários sobre questão de idade. No entanto, sou ousada. No meu ponto de vista, a idade definitivamente importa.

Aqui está a razão: nós planejamos nossa vida com base na idade. Mais ou menos desta forma: quando era adolescente, queria cursar uma boa faculdade e conseguir um emprego. Consegui! Com vinte e tantos anos, minha carreira começou a decolar. Pouco depois, casei-me e foi um casamento feliz. Aos trinta e poucos anos, tinha dois lindos filhos. Dez anos mais tarde, continuei trabalhando e conquistando espaços. Aos 50 anos, vejo meus filhos crescidos e amo muito a pessoa que escolhi para estar ao meu lado depois de tantos encontros e desencontros. Com 60, espero viajar pelo mundo...

Isso lhe soa familiar? O que acontece, então, quando as coisas não saem como o planejado? O que se passa quando, em lugar de duas crianças maravilhosas, fechamos a terceira década de vida com o coração partido e sozinhas?

Muita gente tem medo de envelhecer. Quem se dá bem com o tempo é museu, biblioteca, empresário da indústria da beleza, cirurgiões plásticos e médicos geriatras. O receio de ficar sozinha acrescido à aversão à velhice resulta numa mistura explosiva que pode lançar sua vida pelos ares.

# Conclusão

**Como um pêndulo,** a vida avança oscilando entre a esperança e o medo. Esse infalível tique-taque do tempo pode ser colocado da seguinte forma, para que você possa visualizar sua evolução:

**1** ESPERANÇA. Na minha página do Facebook (Papo Reto com Liliane Ribeiro's) há centenas de leitores entre 20 e 60 anos, que estão em busca de uma nova e definitiva paixão. Você não está sozinha. Os tempos mudaram e as pessoas estão procurando efetivamente um relacionamento amoroso saudável. Contrariando tudo e todos, não há escassez de homens e mulheres.

Comece a namorar de novo. Independentemente da sua idade ou do que já viveu no passado, o verdadeiro amor é o único norte possível.

**Medo. "Sou mercadoria danificada!"** De fato, quase todos nós acumulamos experiências que nos arrancaram pedaços. No entanto, são experiências. Jamais gostei da expressão "sou divorciada". Se essa for a sua situação, lembre-se de que isso é um *status*, não uma condição. Quando perguntarem, diga: "Estou em busca de uma aventura que vire eternidade".

**Esperança.** Encontrar alguém que triunfou sobre a adversidade é o máximo. Procure quem tenha sido deixado de lado, inesperadamente, e tenha revertido essa situação em seu proveito. Peça-lhe que conte essa história. Você vai descobrir que as pessoas não são más experiências ambulantes. Ao contrário, elas trabalham derrotas e saem muito mais fortes delas.

**Medo.** "Isso não tinha de acontecer comigo, ainda mais nesta idade!" Bem, essa é uma ideia negativa compatível com pessoas que sofrem uma ruptura ou que, por decisão própria, optam pelo celibato até certa fase da vida, e de repente percebem que a vida passou. Caso você compartilhe desse pensamento de comiseração, insistindo em acusá-la porque as coisas não deram certo, lembre-se: você planejou e não foi aquilo que esperava, mas com certeza haverá algo melhor.

Esperança. Mudanças são necessárias. Acredite: os relacionamentos do passado não foram perda de tempo, mas alimentam o crescimento, geram por vezes lindos filhos e, embora a contragosto, suscitam boas lembranças. Tudo o que aconteceu fez de você o que é hoje. E existe uma experiência muito mais rica à sua frente. Confie.

Lembre-se de não restringir seus sonhos aos limites da idade. Quer exemplos? Grandma Moses só começou a pintar aos 78 anos; Charles Darwin publicou seu primeiro livro aos 50 anos; coronel Sanders fundou a rede KFC quando tinha 60 anos.

Na vida, só importa o que permitimos que importe. Sonhe grande. Sonhe colorido. Defina seus objetivos e peça uma mãozinha ao universo. Ele vai atender aos seus pedidos.

# Insegurança

## Pingo no I

**Não conheço uma pessoa** que se sinta 100% segura. Até mesmo a diva Marilyn Monroe, pasmem, a mulher mais invejada e desejada do mundo, pagava alguém para lhe dizer todos os dias que ela era linda.

Segundo o Google, amigo fiel de todas as horas, insegurança é a falta de confiança; a dúvida, o medo desconfortável. No Oxford, outra definição: "Incerteza ou ansiedade acerca de si mesmo, falta de confiança". Em outras palavras, trata-se de algo que nos gera mal-estar e inflige um sentimento de indignidade, tornando-se tão forte que chega a afetar nossa rotina diária.

Certamente, não há nada mais insalubre do que odiar um traço pessoal, ainda mais quando se apoia em fantasias doentias. É triste, mas infelizmente é verdade: a insegurança advém da comparação (consciente e inconsciente) com os outros, insuflada pela mídia.

Ocorrências de rejeição ou *bullying* podem desencadear algumas inseguranças profundamente enraizadas.

Como toda mulher, principalmente as brasileiras, que cultuam o corpo, já tive muita insegurança. Pedi a um grupo de amigas que fizesse uma lista do que lhe causava insegurança. No *ranking*, ganhou em disparada o peso a mais, seguido por problemas de pele, desconforto sem maquiagem, pelos indesejáveis, tamanho dos seios, gordura localizada (braços flácidos), pouca nádega, celulite e a idade.

Todas nós sabemos que ser mulher não é nada fácil: depilação, hidratação, cremes faciais, manicure, bronzeamento, maquiagem, salto alto, e assim por diante. A lista é interminável e mesmo quando a exaurimos nos sentimos inseguras.

Para piorar a situação, essas são apenas as dúvidas físicas. O que é ainda mais complexo é a segurança emocional que não vem de fábrica; adquire-se com o tempo.

É nesse ponto que entra em cena a autoconfiança, mola mestre de defesa e muitas vezes colocada em segundo plano. Canso de ouvir o argumento de que, se estamos bem fisicamente, nos sentimos mais autoconfiantes no dia a dia. Concordo em partes. Sentir-se bem em relação à própria aparência física é apenas metade da batalha. É preciso trabalhar a autoestima – semente vital para ver florescer o amor, o sucesso social, a família e o trabalho.

# Conclusão

**1** A{\sc note: não somos} todas feitas da mesma forma. As pessoas têm diferentes proporções e todas nós devemos nos aceitar e abraçar essa premissa. É isso que você tem para hoje e sempre. Aceite-se e dê um *upgrade* na sua autoestima.

**2** C{\sc uidado com a mídia!} Ela proclama que, se estamos acima do peso, então somos obesas. Em contrapartida, se somos magras, provavelmente estamos anoréxicas. Essa padronização não combina com quem quer ser diferente, criativa, insana, surpreendente. Vamos nos cuidar, sim – e muito –, de acordo com a realidade de cada uma de nós, sem cobranças doentias.

**3** O{\sc s homens esperam} que sejamos absolutamente impecáveis!? A verdade é que a maioria das mulheres está mais preocupada em ser admirada pelas outras mulheres do que pelo sexo oposto. Vamos estar lindas para nos sentirmos bem conosco e, em segundo lugar, sermos admiradas por quem realmente importa: a pessoa que amamos ou iremos amar.

**4** A {\sc maneira como,} socialmente, avaliamos o outro pela aparência mostra que perdemos o rumo e transformamos o ser humano em um produto. Os padrões impostos a fim de sermos aceitas são surreais e nada saudáveis. Cada centímetro do nosso corpo, do nosso cabelo, das nossas unhas, deve estar tinindo o tempo todo sob risco de nos sentirmos intimidadas, inferiorizadas. Isso é *bullying* midiático: vivemos sob pressão para nos adequar a um estereótipo de beleza perfeita.

A BELEZA FEMININA não depende da marca de xampu ou batom, do tamanho da cintura ou do número do sutiã. Ela está no sorriso, na simplicidade, na personalidade. Está dentro de cada uma de nós. Se soubesse disso, Marilyn Monroe, uma das mulheres mais lindas do planeta, talvez tivesse tido outro fim.

# Mulher madura

## Pingo no i

A caminho do trabalho, entre uma estação de metrô e outra, a atenção dos passageiros se voltou para um casal. Ela aparentava cerca de 60 anos e ele, provavelmente, estava indo buscar o certificado de reservista. Os olhares que trocavam os usuários do metrô, disputando espaço naquele vagão, eram, no mínimo, de extrema reprovação.

Mulheres maduras, experientes, provavelmente mães de adolescentes ou jovens adultos, relacionando-se com homens mais jovens? Apesar de a sociedade torcer o nariz para o fato, a diferença de idade não é o que define ou sustenta um relacionamento.

## Conclusão

**Afinal, uma mulher** de meia-idade não deveria estar cuidando dos filhos e dos netos, da aposentadoria e do lar? Minha resposta vem com uma pergunta: é dessa forma que ela se sente feliz? Então, que seja. Não é porque chegamos em uma certa idade, que a vida entra no estado de inércia. Principalmente quando o assunto é amor. Quando entra o sentimento, somos todos adolescentes.

Mulheres de meia-idade têm, atualmente, um sem-número de opções: homens mais velhos, da mesma idade ou muito mais jovens. A escolha é delas. Todavia, durante séculos, seu valor esteve atrelado à juventude e à beleza.

Engessadas, muitas acreditavam que isso era verdade. E, de tanto acreditarem nessa baboseira, limitaram a vida de todas as formas possíveis, inclusive no amor.

O valor de uma mulher está no seu conjunto. Ela é mais do que um corpo, mais do que a idade, mais do que traços de beleza, mais do que fascínio sexual. Uma mulher madura sabe amar completamente. Seu coração não tem limites. Suas escolhas não obedecem a padrões. Ela vive plenamente, tem coragem de ser ela mesma, cria sua própria visão da sociedade, independentemente das regras e convenções sociais.

Existem sempre novas opções para o amor e o romance. Precisamos derrubar bombasticamente as barreiras que nos limitam. Amor é liberdade e não pode ser limitado.

"Homens mais jovens" é apenas uma expressão, uma escolha, anteriormente negada. Não é exatamente sexo. É amor. Não dá para dizer que todos eles procuram tirar dinheiro ou proveito da situação, até porque os jovens também o fazem entre eles. Também não é só mais uma mulher de meia-idade usando seu poder de manipulação. Pode, sim, ser amor verdadeiro. E se o que os une, consciente e deliberadamente, for sexo, posição social e dinheiro, qual o problema, se há consentimento mútuo? Por que a felicidade alheia incomoda tanto?

Enquanto vivermos a nossa verdade, na plenitude, não haverá tabus que não possam ser derrubados. Somos apenas servas dos nossos sonhos. Você e eu nascemos para viver com total liberdade a vida que escolhermos. Sem limitação, vergonha ou justificativas. Temos liberdade de escolher quem queremos ser num quarto escuro ou à luz do dia. Portanto, acenda a luz, abra a porta, a cortina, a janela e deixe-se fluir.

# PALAVRA DE ESPECIALISTA

Namorar uma mulher madura e resolvida significa desfrutar o sexo feminino na sua plena expressão. Não é qualquer pessoa que tem confiança suficiente para fazê-lo, e aqueles que a têm acabam convencidos do seu próprio poder.

Por incrível que pareça, estar na casa dos 50 anos é um tempo glorioso para a mulher. Depois da confusão emocional dos 20 e dos 30 anos, finalmente ela tem o poder de seguir o próprio rumo. Um novo tempo, uma nova era. A perda de energia desenfreada, sem propósito, registrada até os 30 anos, dá lugar a uma nova fase, em que decisões importantes são tomadas e dúvidas são esclarecidas.

O dilema carreira *versus* família está resolvido. Estabilidade emocional, vida profissional, filhos com alguma independência. À frente da mulher de meia-idade, descortina-se um mundo de oportunidades, o apogeu.

A partir dos 40 anos, na minha opinião, começa a melhor década. Um sentimento de solidez e segurança pulsa nessa mulher. Ela passou por perdas e vitórias. Ela amou e foi amada das mais diversas formas. Já fez opção por seu ciclo de amizades. Descobriu novas habilidades que lhe permitiram florescer. Ela sabe lidar com os altos e baixos da vida com graça e facilidade.

Algumas – pena que não sejam todas – sabem lidar muito bem com o seu fascínio e expressão sexual. Aprenderam que existe vantagem em ser real. Como a aparência exterior começa a mostrar pequenos sinais de uma vida bem vivida, o conteúdo interno desabrocha como uma compensação da natureza. Ela sabe o que realmente importa e o que não faz a mínima diferença em um relacionamento. Tem autoconfiança, gestão de resultados, fluxo de vida interminável e gerenciamento emocional.

No namoro e no relacionamento, a mulher dos "enta" já viu de tudo e ainda tem olhos para descobrir o novo e desvendar mistérios. Há um destemor e uma curiosidade fenomenal. Com seus parceiros, independentemente da idade, comunica-se com facilidade, sem fronteiras. Os jogos não são mais do seu interesse; a disputa, a verdade absoluta, a corrida pelo reconhecimento e a aprovação ficaram para trás. Ela diz ao seu parceiro, com toda a classe e sabedoria, o que quer, como gosta e do que precisa. Simplesmente demais!

# Colhendo pétalas de maturidade

## Pingo no i

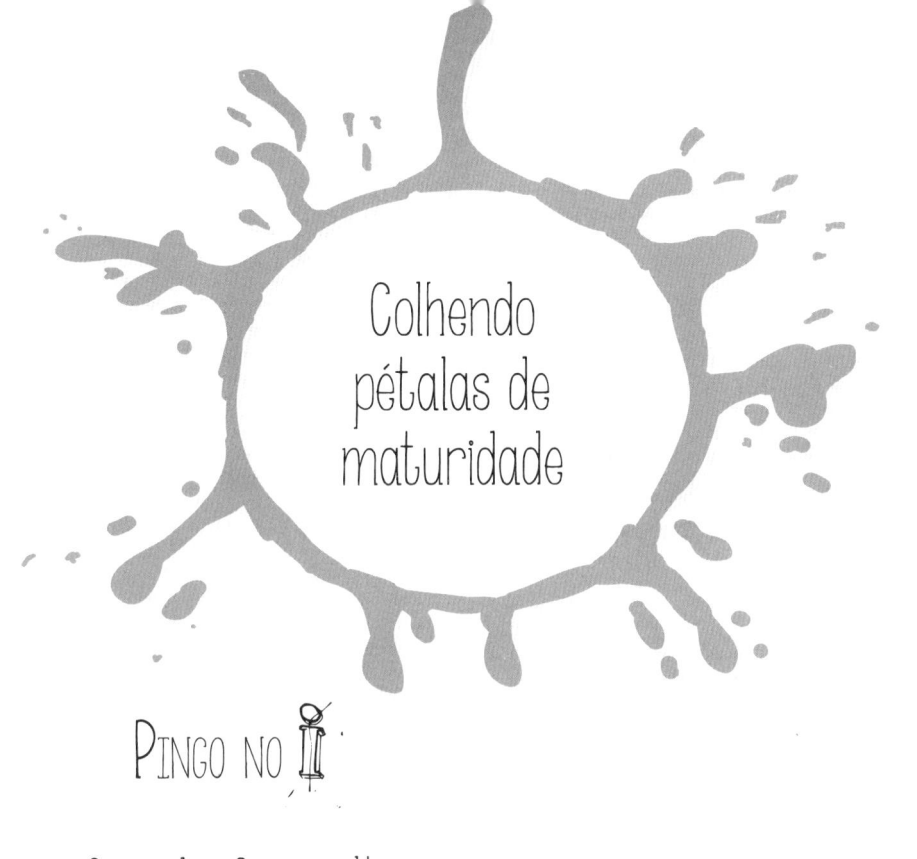

**Quando foi a última vez** que você namorou um homem de verdade?

Como tantas outras mulheres, a resposta será, provavelmente: "Nunca". Ou, então: "Não por muito tempo". Pode ser que escutemos: "Encontrei um e casei com ele"! Claro, trata-se de um produto em extinção.

Homens de verdade não são pessoas quaisquer. Não são meninos, mas indivíduos emocional, física e espiritualmente maduros. Mas... alto lá: você não pode atrair o que você não é, e isso é grande parte da solução desse problema. Homens emocionalmente imaturos só atraem mulheres à sua imagem e semelhança: igualmente imaturas.

São cinco as características comuns a toda mulher maravilha de que os homens de verdade gostam. Se você está namorando ou procurando o homem perfeito, seria sábio perguntar a si mesma: estaria eu tentando ser demasiadamente perfeita para o homem errado?

Homens emocionalmente maduros desejam que você se sinta bem consigo mesma.

## Conclusão

1. Homens maduros emocionalmente querem que você seja independente. Um parceiro maduro não se intimida com seu sucesso, sua inteligência ou sagacidade. Ele é atraído justamente por essas características.

2. Homens maduros desejam uma mulher feliz.

3. Homens maduros não gostam de mulheres que colecionam dramas. Não se preocupam com detalhes.

4. Homens maduros desejam uma mulher que tome conta de si mesma e que não relaxa nos cuidados com a saúde.

**5** Homens maduros também preferem parceiras que não colocam a carroça na frente dos bois, que não pensam estar comprometidas no primeiro encontro. Calma, amiga. Respire fundo e conte até dez antes de cobrar o que não existe!

Em resumo, a maioria de nós faz julgamentos sobre os homens que passam pela nossa vida, mas, na verdade, eles dizem muito mais de nós do que deles. Se você quer alguém emocionalmente maduro, dê o primeiro passo em direção à maturidade.

> Sorria.
> Você pode
> ser feliz!

## Pingo no i

"**O valor das coisas não está** no tempo em que elas duram, mas na intensidade com que acontecem. Por isso existem momentos inesquecíveis, coisas inexplicáveis e pessoas incomparáveis", já dizia, muito acertadamente, Fernando Pessoa.

Sorrir é um bom remédio para muitos males. *Yes, baby*! Rir é bom demais!

Nada mais gostoso do que conversar com alguém que a faça dar boas risadas. Não estou falando, aqui, de pessoas bem-humoradas, que acham (e fazem) graça da vida e de si próprias.

Lamento só gera lamento; bom-humor é o tempero da vida. Nada mais deprimente do que conviver com pessoas dramáticas, que levam sempre tudo a ferro e fogo e vivem reclamando. É óbvio que todos nós temos problemas e nem sempre conseguimos sorrir quando há dor, mas ela pode ser superada ou amenizada quando construímos pensamentos positivos. Tudo passa, nada fica para sempre – e essa é uma das poucas certezas deste mundo.

## PALAVRA DE ESPECIALISTA

Rir é um excelente exercício: movimenta os músculos da face e previne rugas. Uma boa gargalhada também exercita os músculos da barriga e emagrece; acelera o fluxo sanguíneo e bombeia o coração. Além disso, o bom humor é sempre um ponto positivo em qualquer relacionamento, seja em casa, no trabalho ou entre amigos, no elevador ou na rua. Um sorriso sempre contagia (*Terapia do Riso – A cura pela alegria.* Eduardo Lambert, Editora Pensamento).

Em minha própria jornada tentando ser uma pessoa melhor, percebi que tudo gira em torno da felicidade. Quando estamos felizes, estamos, efetivamente, melhores sob todos os aspectos.

Minha segunda constatação é que a felicidade surge quando nos livramos do desnecessário e paramos de nos preocupar com o irremediável. Não vou descrever a bagagem supérflua: cada um sabe o que deve deixar para trás. Boa parte desse peso inútil nos acorrenta na forma de culpa. Solte as amarras!

1. APRENDI QUE PESSOAS felizes não perdem tempo se preocupando com a idade, por exemplo. Na verdade, ela é apenas um número. Não deixe que um número determine o que você é capaz de ser e de fazer. Você pode muito bem viver plenamente, independentemente de como seu corpo reflete sua idade. Um dos maiores obstáculos à felicidade é preocupar-se com o que os outros irão pensar ou dizer. Saiba que pessoas felizes não ligam para isso.

2. TRABALHO. Você não é o que produz profissionalmente, no dia a dia. Não quero dizer que pessoas felizes são desocupadas. A ideia-chave é: eu não sou o meu trabalho. Empregos são importantes para a estabilidade e a sobrevivência, mas ocupação e *status* profissional devem ser deixados no ambiente de trabalho. Caso contrário, eles se infiltrarão na rotina diária trazendo cansaço, tédio e estresse. O que importa é o talento, a paixão e a perspectiva. Permitir que o trabalho defina nossa personalidade é vestir mais um rótulo.

3. O MEDO NÃO É REAL. Pessoas felizes sabem disso. O nervosismo e a ansiedade, que supostamente derivam do medo, bloqueiam-nos e nos tiram da zona de conforto. Concentram-se em tentar fazer do mundo um lugar melhor, dando um pequeno passo de cada vez. Podemos não ser capazes de fazer uma revolução da noite para o dia, mas com um pouco de bondade e de compaixão tornamos o mundo mais positivo.

**5** Não deixe que o negativismo a alcance. Não se culpe pelas falhas e pela burrice alheia. E mais: afaste-se das pessoas tóxicas, autodestrutivas. É hora de criar um ambiente positivo para si mesma. Pessoas felizes compartilham felicidade e contagiam os outros por onde passam. Se você está se sentindo infeliz, dê uma olhada em volta. Às vezes, é o seu meio que a está arrastando para baixo!

**6** Não existe passado ou futuro. Se você quer ser feliz, deixe o que passou para trás. Aprenda com a vida e cresça com ela. Certifique-se de não repetir os mesmos erros. Só assim estará realmente pronta para desfrutar o presente.

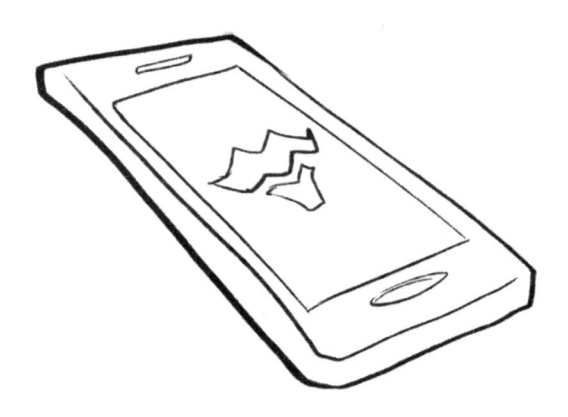

# Lembre-se:

1. **Não espere nada em troca.** Ajude os outros, seja compassiva. A verdadeira recompensa é saber difundir positividade.

2. **Pessoas felizes não querem nada em troca.** Por isso, nunca se decepcionam.

3. **Pare de reclamar.** Não seja ranzinza. Queixar-se é perpetuar uma vida infeliz. Às vezes, as coisas não saem como o planejado. Não podemos escapar disso, faz parte do *show*. No entanto, queixar-se é inútil. As pessoas felizes sabem disso. Sejamos gratos pelo que temos: mentes positivas geram soluções positivas.

4. **Não crie expectativas.** Elas nos corroem. Gente feliz sabe disso e simplesmente abraça o tempo que ainda resta para ser feliz.

# Nota de agradecimento

O Papo reto não poderia ter acontecido sem a sua participação e a dos leitores do meu blog. Quando sento para escrever, há sempre a responsabilidade de beneficiá-los em cada parágrafo, cada frase, cada palavra. O meu objetivo é que o seu tempo investido com essa leitura tenha contribuído para o seu relacionamento e crescimento pessoal.

Aproveito ainda esta oportunidade para agradecer à Editora Novo Século, que apostou no meu trabalho e que fez esse sonho virar uma realidade muito mais divertida do que eu jamais havia pensado.

Sou grata a todos vocês e estou muito animada pelo que está por vir. Esse é apenas o começo da nossa viagem, que espero continuar fazendo ao lado de vocês, desvendando os segredos da vida a dois.

Aguardo vocês lá no blog e no Facebook!

http://lilianepaporeto.wordpress.com/
http://facebook.com/lilianepaporeto

FONTE: Cambria
IMPRESSÃO: Paym

#Novo Século nas redes sociais

novo século®
www.novoseculo.com.br